새코 다양한 자료
동양북에서 만나보세요!

홈페이지 활용하여 외국어 실력 두 배 늘리기!

홈페이지 이렇게 활용해보세요!

1 도서 자료실에서 학습자료 및 MP3 무료 다운로드!

❶ 도서 자료실 클릭
❷ 검색어 입력
❸ MP3, 정답과 해설, 부가자료 등 첨부파일 다운로드

* 원하는 자료가 없는 경우 '요청하기' 클릭!

2 동영상 강의를 어디서나 쉽게! 외국어부터 바둑까지!

500만 독자가 선택한

가장 쉬운
독학 일본어 첫걸음
14,000원

가장 쉬운
독학 중국어 첫걸음
14,000원

가장 쉬운
독학 베트남어 첫걸음
15,000원

가장 쉬운
독학 스페인어 첫걸음
15,000원

가장 쉬운
독학 프랑스어 첫걸음
16,500원

가장 쉬운
독학 태국어 첫걸음
16,500원

가장 쉬운
프랑스어 첫걸음의 모든 것
17,000원

가장 쉬운
독일어 첫걸음의 모든 것
18,000원

가장 쉬운
스페인어 첫걸음의 모든 것
14,500원

첫걸음 베스트 1위!

동양북스
www.dongyangbooks.com
m.dongyangbooks.com

가장 쉬운 러시아어
첫걸음의 모든 것
16,000원

가장 쉬운 이탈리아어
첫걸음의 모든 것
17,500원

가장 쉬운 포르투갈어
첫걸음의 모든 것
18,000원

버전업! 가장 쉬운
베트남어 첫걸음
16,000원

가장 쉬운 터키어
첫걸음의 모든 것
16,500원

버전업! 가장 쉬운
아랍어 첫걸음
18,500원

가장 쉬운 인도네시아어
첫걸음의 모든 것
18,500원

버전업! 가장 쉬운
태국어 첫걸음
16,800원

가장 쉬운 영어
첫걸음의 모든 것
16,500원

버전업! 굿모닝
독학 일본어 첫걸음
14,500원

가장 쉬운 중국어
첫걸음의 모든 것
14,500원

가장 쉬운 독학 중국어 첫걸음

가장 쉬운 독학 일본어 첫걸음

오늘부터는 팟캐스트로 공부하자!

팟캐스트 무료 음성 강의

▸▸ 1
iOS 사용자
Podcast 앱에서
'동양북스' 검색

▸▸ 2
안드로이드 사용자
플레이스토어에서 '팟빵' 등
팟캐스트 앱 다운로드,
다운받은 앱에서
'동양북스' 검색

▸▸ 3
PC에서
팟빵(www.podbbang.com)에서
'동양북스' 검색
애플 iTunes 프로그램에서
'동양북스' 검색

⊙ **현재 서비스 중인 강의 목록** (팟캐스트 강의는 수시로 업데이트 됩니다.)

- 가장 쉬운 독학 일본어 첫걸음
- 페이의 적재적소 중국어
- 가장 쉬운 독학 중국어 첫걸음
- 중국어 한글로 시작해
- 가장 쉬운 독학 베트남어 첫걸음

중국어뱅크

똑똑한 중국어 말하기 훈련 프로그램

스마트 스피킹 중국어

张洁 저 김현철·박응석 편역

3

동양북스

스마트 스피킹 중국어 ③

초판 1쇄 인쇄 | 2019년 08월 10일
초판 1쇄 발행 | 2019년 08월 15일

지은이 | 张洁
편역 | 김현철, 박용석
발행인 | 김태웅
편집장 | 강석기
기획 편집 | 정지선
디자인 | 서진희
마케팅 | 나재승
제작 | 현대순

발행처 | (주)동양북스
등 록 | 제2014-000055호
주 소 | 서울시 마포구 동교로 22길 14 (04030)
구입 문의 | 전화 (02)337-1737 팩스 (02)334-6624
내용 문의 | 전화 (02)337-1762 dybooks2@gmail.com

ISBN 979-11-5768-534-9 14720
   979-11-5768-451-9 (세트)

▶ 잘못된 책은 구입처에서 교환해드립니다.
▶ 도서출판 동양북스에서는 소중한 원고, 새로운 기획을 기다리고 있습니다.
   http://www.dongyangbooks.com

이 도서의 국립중앙도서관 출판예정도서목록(CIP)은 서지정보유통지원시스템 홈페이지(http://seoji.go.kr)와
국가자료공동목록시스템(http://www.nl.go.kr/kolisnet)에서 이용하실 수 있습니다.
(CIP제어번호:CIP2019028193)

또 하나의 고개를 넘습니다.

어느 교재든 수고한 손길들이 있기 마련입니다. 그리고 또다시 세상을 보게 되는 수많은 교재가 우리 앞에 쏟아지고 있습니다. 그래서 새로운 교재를 내놓을 때마다 또 하나의 불필요한 수고가 되지 않기 위해서 그 어느 때보다도 경건해집니다.

이번에 소개해 드리는 교재 역시 창의적인 생각으로 고안된 겁니다. 기존의 불필요한 부분들을 과감하게 떨쳐 버리고, 완전히 학습자 입장에서 만들어졌습니다.

정확한 학습 목표와 학습 내용을 먼저 제시하고, 준비 과정에서 먼저 사진 등으로 시작한 후, 매 과의 핵심 문장을 들어 연습하게 했습니다. 또한, 본문은 반드시 연습을 통해 이해하고 익숙해질 수 있도록 구성하였으며, 새로 나온 단어를 하단에 배치하여 따로 사전을 찾지 않아도 되게 하였습니다. 더욱이 정리하기 편에서는 구조적인 설명과 문화 팁, 그리고 퀴즈를 통해 학습한 내용을 충분히 습득할 수 있게 하였습니다. 종합 연습도 공인시험 형태로 꾸며 배운 내용을 바탕으로 시험에 바로 응시할 수 있게 배치하였습니다. 이렇듯 참신한 아이디어로 똘똘 뭉친 이 교재는 수업시간에 활용하거나, 독학하거나 그룹으로 학습하는 데도 아주 적합하게 활용할 수 있도록 구성하였습니다.

말 그대로 입에서 술술 나오는 중국어가 중요합니다. 듣고 말하고 읽고 쓰는 게 무엇보다 중요합니다. 시간이 없다고 이 네 가지를 소홀히 할 수는 없습니다.

이 교재로 제대로 된 교수법으로 무장한 교사가 수업한다면 아무 문제 없을 겁니다. 무엇을 가르치고 어떻게 가르치고 누가 가르치느냐가 절대적으로 중요합니다. 이 교재의 내용 전체를 위에서 제시한 방법대로 가르친다면 학습자와 교수자 모두 만족하는 아주 의미 있는 중국어 학습이 될 거라 확신합니다.

조금씩 변화를 주는 태도로 꾸준하게 연습하십시오. 투자한 만큼 오롯이 보상을 받을 수 있는 것이 바로 외국어 교육입니다. 교재의 내용을 자주 듣고, 큰 소리로 말하며, 끊어 읽기에 주의하여 읽고, 반드시 손으로 써 보시기 바랍니다. 변화된 모습이 여러분 앞에 환하게 펼쳐질 겁니다.

아울러 교재 출판 끝까지 같이 해준 중국어기획팀과 동양북스 식구들 모두에게 또 하나의 고마움을 전합니다.

哲山과 石松 적음

3

차례

4

◀ 학습 목표와 학습 내용

본 과에서 배울 내용을 미리 살펴봅니다.

😊 학습 전후 배운 내용에 체크해 보세요.

▶ 준비하기

본문 학습 전 준비 단계로 관련 단어와 핵심 문장을 살펴봅니다.

😊 본문에서 배울 내용을 미리 듣고 큰 소리로 따라해 보세요.

◀ 회화 ①, ②

본 과의 주제와 관련된 상황의 대화문을 수록하였습니다. 새로운 표현뿐만 아니라 앞 과에서 배운 표현도 포함되어 있어 복습 효과도 누릴 수 있습니다.

😊 일상 + 비즈니스 회화로 다양한 표현을 폭넓게 익힐 수 있어요.

◀ 회화 ①, ② 연습

대화 연결하기, 교체 연습, 자유롭게 대답하기 등 말하기 중심의 연습을 통해 배운 내용을 바로 확인합니다.

😊 배운 내용이 입에 익숙해지도록 연습해 보세요.

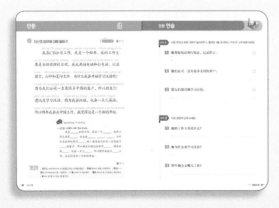

◀ 단문

본 과의 주제와 관련된 상황의 짧은 글을 수록하였습니다.

😊 Speaking Training을 통해 본문 내용을 연습해 보세요.

◀ 단문 연습

옳고 그름 판단하기, 질문에 답변하기 등 말하기 중심의 연습을 통해 배운 내용을 바로 확인합니다.

😊 중국어로 답변하는 연습을 통해 말하기 실력을 향상시켜 보세요.

◀ 정리하기

본문에서 배운 내용을 정리하고, 추가적으로 필요한 어법이나 어휘를 정리하였습니다.

학습한 문장을 직접 써 보는 퀴즈를 통해 배운 내용을 정리해 보세요.

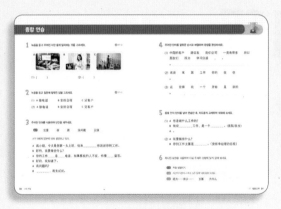

◀ 종합 연습

본 과에서 학습한 내용을 듣기, 읽기, 쓰기, 말하기 네 영역별 문제를 통해 골고루 점검할 수 있습니다.

실력을 점검한 후 부족한 영역은 다시 한번 풀어 보세요.

워크북

워크북은 **STEP 1 간체자 쓰기 ≫ STEP 2 들으면서 따라 쓰기 ≫ STEP 3 듣고 받아쓰기 ≫ STEP 4 빈칸 채우기** 순서로 이루어져 있습니다. 반복해서 듣고, 쓰고, 말하면서 배운 내용을 내 것으로 만들 수 있습니다.

듣고 쓰면서 입으로 따라 하면 말문이 트이는 워크북으로 한 과를 마무리해 보세요.

MP3

MP3는 동양북스 홈페이지 자료실에서 무료로 다운로드 받으실 수 있습니다.
(http://www.dongyangbooks.com)

Zhè shì nín de rìchéng.

这是您的日程。

| 이것은 당신의 일정입니다.

오늘 제 일정은...

점심에 리 사장님이 식사에 초대했고, 오후에는 ...

학습 목표 □ 일정을 묻고 답할 수 있다.

학습 내용 □ 방위사 里, 外 □ 접속사 如果 □ 계절 표현 □ 동사 중첩

준비하기

STEP 1   이번 과와 관련된 단어를 따라 읽어 보세요.   🎧 01-01

春天
chūntiān
봄

夏天
xiàtiān
여름

秋天
qiūtiān
가을

冬天
dōngtiān
겨울

STEP 2   이번 과의 핵심 문장을 발음과 억양에 유의하여 따라 읽어 보세요.   🎧 01-02

1   **外边有辆车在等我们。**   ☑ ☐ ☐

Wàibian yǒu liàng chē zài děng wǒmen.

2   **请问我明天的日程是什么？**   ☑ ☐ ☐

Qǐngwèn wǒ míngtiān de rìchéng shì shénme?

3   **如果您有什么需要请告诉我。**   ☑ ☐ ☐

Rúguǒ nín yǒu shénme xūyào qǐng gàosu wǒ.

😊 일정 전달하기

따라 읽기 1 / 2 / 3 🎧 01-03

Kěyǐ zǒu le ma?   Wàibian yǒu liàng chē zài děng wǒmen.

A 可以走了吗？外边有辆车在等我们。

Hǎo de,   xièxie.

B 好的，谢谢。

Wǒmen xiān qù bīnguǎn. Wǒ zài chē shang gàosu nín jīntiān de rìchéng.

A 我们先去宾馆。我在车上告诉您今天的日程。

Hǎo de.

B 好的。

Qǐng shàng chē.

A 请上车。

Hǎo,   wǒ jīntiān de rìchéng shì……

B 好，我今天的日程是……

Zhōngwǔ,   Lǐ jīnglǐ qǐng nín chī fàn,   xiàwǔ zài wǒmen gōngsī hé Lǐ

A 中午，李经理请您吃饭，下午在我们公司和李

jīnglǐ kāihuì.

经理开会。

Fēicháng hǎo, xièxie nín.

B 非常好，谢谢您。

Bié kèqi,   rúguǒ nín yǒu shénme xūyào qǐng gàosu wǒ.

A 别客气，如果您有什么需要请告诉我。

Quiz
B의 오늘 오후
일정은 무엇인가요?

☐ 식사
☐ 회의

🎧 01-04

New Words • 外边 wàibian 몡 밖, 바깥 • 日程 rìchéng 몡 일정 • 请 qǐng 통 요청하다 • 如果 rúguǒ 젭 만약

😊 일정 제안하기

A
Qián xiānsheng, qǐng yòng chá.
钱先生，请用茶。

B
Xièxie nín, Zhāng xiǎojiě, qǐngwèn wǒ míngtiān de rìchéng shì shénme?
谢谢您，张小姐，请问我明天的日程是什么？

A
Xiànzài shì xiàtiān, Běijīng hěn piàoliang, nín xiǎng qù zǒuzou ma?
现在是夏天，北京很漂亮，您想去走走吗？

B
Búyòng le, xièxie. Wǒ xiǎng qù jiàn yí ge péngyou.
不用了，谢谢。我想去见一个朋友。

A
Nín xūyào yòng chē ma?
您需要用车吗？

B
Búyòng, xièxie.
不用，谢谢。

Quiz
미스터 첸의 내일
일정은 무엇인가요?

☐ 베이징 관광
☐ 친구 만나기

🎧 01-06

New Words

● 用 yòng 통 먹다, 마시다, 필요하다, 쓰다 ● 夏天 xiàtiān 명 여름 ● 漂亮 piàoliang 형 아름답다

회화 연습

STEP 1 알맞게 연결하여 대화를 연습해 보세요.

1 谢谢您。 ・

・ 不用了，谢谢。

2 我今天的日程是…… ・

・ 别客气。

3 您想去走走吗? ・

・ 中午，李经理请您吃饭，
下午在公司和李经理开会。

STEP 2 제시된 단어로 바꾸어 연습해 보세요. 🎧 01-07

1 可以走了吗?

开始 吃 出发

2 我们先去宾馆。

办手续 准备准备 吃饭

🔔 手续 shǒuxù 몡 수속

3 如果您有什么需要，请告诉我。

我来晚了 / 请等我一下
他回公司 / 请让他给我回电话
她帮助了你 / 你要谢谢她

4 请用<u>茶</u>。

| 餐 | 汉语说 | 黑色笔填写 |

🔔 **餐** cān 명 음식, 식사, 요리 | **填写** tiánxiě 동 (일정한 양식에) 써넣다, 기입하다

5 现在是<u>夏天</u>，<u>北京</u>很漂亮。

| 春天 / 济州岛 | 秋天 / 首尔 | 冬天 / 哈尔滨 |

🔔 **济州岛** Jìzhōudǎo 고유 제주도 | **哈尔滨** Hā'ěrbīn 고유 하얼빈[헤이룽장성의 성도]

STEP 3 자신의 상황에 맞게 대답해 보세요.

1 您明天的日程是什么?

▶ _____

2 现在是什么季节?

▶ _____

🔔 **季节** jìjié 명 계절

😊 **출장 일정 말하기**

Lǐ xiānsheng, wǒ lái jièshào yíxià nín zài Zhōngguó de rìchéng. Nín de
李先生，我来介绍一下您在中国的日程。您的

fēijī shì shíyī yuè shíwǔ hào shí diǎn dào, wǒ huì qù jīchǎng jiē nín. Wǒ gěi
飞机是11月15号10点到，我会去机场接您。我给

nín dìngle fángjiān, wǒ xiān sòng nín qù bīnguǎn. Zhōngwǔ Qián jīnglǐ qǐng nín
您订了房间，我先送您去宾馆。中午钱经理请您

chī fàn, xiàwǔ zài wǒmen gōngsī kāihuì. Shíyī yuè shíliù hào nín kěyǐ xiū
吃饭，下午在我们公司开会。11月16号您可以休

xi yíxià, rúguǒ nín xiǎng qù zǒuzou, wǒ kěyǐ sòng nín qù. Nín de
息一下，如果您想去走走，我可以送您去。您的

fēijī shì shíyī yuè shíqī hào zǎoshang shíyī diǎn de, wǒ zǎoshang bā diǎn qù jiē nín,
飞机是11月17号早上11点的，我早上8点去接您，

sòng nín qù jīchǎng. Nín kàn zhèyàng de rìchéng kěyǐ ma? Rúguǒ nín
送您去机场。您看这样的日程可以吗？如果您

yǒu shénme xūyào, qǐng gàosu wǒ, bié kèqi.
有什么需要，请告诉我，别客气。

💬 **Speaking Training**

1. 빈칸을 자유롭게 채워 말해 보세요.

我来介绍一下您在_____的日程。您的飞机是
_____月_____号_____点到，我会去机场接您。我给
您订了_____，我先送您去_____。中午_____，下午
_____。

🎧 01-09

New Words ● 接 jiē 통 맞이하다, 마중하다

다음 문장과 본문 내용이 일치하면 V, 틀리면 X를 표시하고, 바르게 고쳐 말해 보세요.

1 李先生11月16号四点到中国。 □

▶ _____

2 11月15号中午钱经理请李先生吃饭。 □

▶ _____

3 李先生11月17号可以休息。 □

▶ _____

다음 질문에 답해 보세요.

1 李先生11月16号有什么安排？

▶ _____

2 李先生坐几点的飞机回来？

▶ _____

3 李先生在中国住哪儿？

▶ _____

정리하기

1 방위사 里, 外

2권에서 방위사 '前', '后', '左', '右', '东', '西', '南', '北', '上', '下'를 배웠습니다. '안'과 '밖'을 나타내는 단순방위사 '里', '外'에도 '边', '面'을 붙이면 합성방위사가 되며, 단독으로 사용이 가능합니다.

太阳从西边出来。
Tàiyáng cóng xībian chūlái.

前边有一家咖啡店。
Qiánbian yǒu yìjiā kāfēidiàn.

外边有辆车在等我们。
Wàibian yǒu liàng chē zài děng wǒmen.

里边有一个苹果。
Lǐbian yǒu yí ge píngguǒ.

2 접속사 如果

'如果'는 가정을 나타내며 뒤에 '就', '那么' 등이 나옵니다. 또한 '如果'의 뒤에 '的话'를 붙여 쓰기도 하며, 뒤에 '的话'를 사용하는 경우나 문맥에 따라 '如果'는 생략될 수 있습니다. 같은 의미로 '假如'도 자주 사용합니다.

如果您有什么需要请告诉我。
Rúguǒ nín yǒu shénme xūyào qǐng gàosu wǒ.

你不忙的话，就和我一起去吧。
Nǐ bù máng dehuà, jiù hé wǒ yìqǐ qù ba.

如果努力的话，就会有希望。
Rúguǒ nǔlì dehuà, jiù huì yǒu xīwàng.

假如明天不下雨，我就去公园玩。
Jiǎrú míngtiān bú xià yǔ, wǒ jiù qù gōngyuán wán.

 Quiz 이번 과에서 배운 내용을 바탕으로 중국어로 바꾸어 써 보세요.

1. ① 해가 서쪽에서 뜹니다.
   ▶ _____

   ② 앞에 커피숍 하나가 있습니다.
   ▶ _____

   ③ 밖에 차 한 대가 우리를 기다립니다.
   ▶ _____

   ④ 안에 사과 한 개가 있습니다.
   ▶ _____

2. ① 만약 필요한 게 있으시면 저에게 말씀하세요. ▶ _____

   ② 당신이 바쁘지 않다면 저와 함께 가시죠. ▶ _____

   ③ 만약 노력한다면 희망이 있습니다. ▶ _____

   ④ 만약 내일 비가 오지 않으면 저는 공원에 놀러 갈 것입니다. ▶ _____

3 계절 표현

계절(季节 jìjié)을 나타내는 단어와 계절감 및 날씨 표현을 알아봅시다.

	단어	계절감 및 날씨
봄	春天 chūntiān	暖和 nuǎnhuo 따뜻하다　下雨 xià yǔ 비가 내리다
여름	夏天 xiàtiān	闷热 mēnrè 무덥다　打雷 dǎléi 번개치다
가을	秋天 qiūtiān	凉快 liángkuai 시원하다　干燥 gānzào 건조하다
겨울	冬天 dōngtiān	寒冷 hánlěng 몹시 춥다　下雪 xià xuě 눈이 내리다

4 동사 중첩

동사를 중첩하면 동작을 '가볍게 하다', '시도하다'라는 의미가 있습니다. 일음절이라면 중첩된 동사 사이에 '一'를 넣어 표현할 수도 있습니다. '散步'와 같은 이합구조의 경우 동사만 중첩하여 '散散步'와 같이 표현하니 주의해야 합니다.

您想去走走吗?
Nín xiǎng qù zǒuzou ma?

我想休息休息。
Wǒ xiǎng xiūxi xiūxi.

每天散散步有什么好处?
Měitiān sànsànbù yǒu shénme hǎochù?

你来看一看。
Nǐ lái kàn yi kàn.

他笑了笑，没有说话。
Tā xiàole xiào, méiyǒu shuōhuà.

---

3. ① 봄 ▶ _____

② 여름 ▶ _____

③ 가을 ▶ _____

④ 겨울 ▶ _____

4. ① 나가서 좀 걷고 싶으세요?

▶ _____

② 와서 봐 봐요.

▶ _____

③ 저는 좀 쉬고 싶습니다.

▶ _____

④ 그는 웃고는 말이 없었습니다.

▶ _____

⑤ 매일 산책하면 무슨 장점이 있죠?

▶ _____

종합 연습

1 녹음을 듣고 대화 내용과 일치하는 것을 고르세요. 🎧 01-10

(1) (   )   (2) (   )

2 녹음을 듣고 질문에 알맞은 답을 고르세요. 🎧 01-11

(1) A 公司   B 宾馆   C 机场

(2) A 在公司开会   B 在食堂吃饭   C 在咖啡厅喝咖啡

3 주어진 단어를 사용하여 빈칸을 채우세요.

> **보기**   不用   用   走走   日程   夏天

미스 장과 미스터 첸이 내일 일정에 대해 이야기한다.

A 钱先生，请_____茶。

B 谢谢您，张小姐，请问我明天的_____是什么?

A 现在是_____，北京很漂亮，您想去_____吗?

B _____了，谢谢。

4 주어진 단어를 알맞은 순서로 배열하여 문장을 완성하세요.

(1) 有　　在　　外边　　辆　　等　　车　　我们　　。

　　▸ _____

(2) 我　　接　　会　　去　　您　　机场　　。

　　▸ _____

(3) 走走　　您　　可以　　去　　如果　　我　　想　　送　　您　　去　　，　　。

　　▸ _____

5 괄호 안의 단어를 넣어 연습한 후, 자유롭게 교체하여 대화해 보세요.

(1) A 我今天的日程是……

　　B 中午，_____，下午_____。
　　　　（李经理请您吃饭/在我们公司和李经理开会）

(2) A 现在是_____，_____很漂亮，您想去走走吗？
　　　　（夏天/北京）

　　B 不用了，谢谢。我想去_____。（见一个朋友）

6 제시된 표현을 사용하여 다음 주제와 상황에 맞게 말해 보세요.

　주제　일정 말하기

　상황　당신의 중국인 친구가 한국에 놀러 옵니다. 친구가 돌아가는 날까지의 구체적인 일정을 말해 보세요.

　표현　接　　订　　送

Jīntiān yǒu shénme ānpái?

今天有什么安排?

| 오늘 어떤 일정이 있나요?

오늘 일정에 만족하셨나요?

너무 좋습니다. 감사합니다.

학습 목표 □ 일정이나 계획을 구체적으로 묻고 답할 수 있다.

학습 내용 □ 동사 打算 □ 부사 一定 □ 부사 还是 □ 조동사 愿意

STEP 1
이번 과와 관련된 단어를 따라 읽어 보세요.　🎧 02-01

安排	满意	邀请
ānpái	mǎnyì	yāoqǐng
안배하다, 준비하다	만족하다, 만족스럽다	초청하다

STEP 2
이번 과의 핵심 문장을 발음과 억양에 유의하여 따라 읽어 보세요.　🎧 02-02

1 你今天有什么安排?　☑ ☐ ☐

Nǐ jīntiān yǒu shénme ānpái?

2 今天的安排满意吗?　☑ ☐ ☐

Jīntiān de ānpái mǎnyì ma?

3 您安排得很好，谢谢您。　☑ ☐ ☐

Nín ānpái de hěn hǎo, xièxie nín.

계획 묻기

따라 읽기
1 / 2 / 3   🎧 02-03

Nǐ jīntiān yǒu shénme ānpái?

A 你今天有什么安排？

Wǒ dǎsuàn hé péngyou yìqǐ qù chànggē,   nǐ ne?

B 我打算和朋友一起去唱歌，你呢？

Wǒ dǎsuàn qù pǎobù.

A 我打算去跑步。

Quiz
A의 오늘 일정은
무엇인가요?

☐ 노래 부르기
☐ 조깅하기

🎧 02-04

> **New Words** • 安排 ānpái 图 안배하다, 마련하다, 준비하다 • 打算 dǎsuàn 图 ～하려고 하다, 계획하다

접대에 대한 감사 인사하기

따라 읽기
1 / 2 / 3   🎧 02-05

Jīntiān de ānpái mǎnyì ma?

A 今天的安排满意吗？

Fēicháng mǎnyì,   xièxie nín de ānpái.

B 非常满意，谢谢您的安排。

Nín shì wǒmen zuì zhòngyào de kèhù,   wǒmen yídìng yào ānpái hǎo.

A 您是我们最重要的客户，我们一定要安排好。

Nín ānpái de hěn hǎo,   xièxie nín!

B 您安排得很好，谢谢您！

Nín bié kèqi.

A 您别客气。

Quiz
B는 오늘 접대에
만족하나요?

☐ 만족한다
☐ 불만족한다

🎧 02-06

> **New Words** • 满意 mǎnyì 형 만족하다, 만족스럽다 • 重要 zhòngyào 형 중요하다 • 客户 kèhù 명 고객
> • 一定 yídìng 부 반드시, 꼭

😊 제안 거절하기

A Nín míngtiān wǎnshang yǒu shénme ānpái ma?
您明天晚上有什么安排吗?

B Méiyǒu.
没有。

A Wǒ xiǎng qǐng nín chī fàn.
我想请您吃饭。

B Xièxie nín de yāoqǐng,　dànshì wǒ yǒu diǎnr bù shūfu,
谢谢您的邀请，但是我有点儿不舒服，

háishi bú qù le.
还是不去了。

A Nín xūyào kàn yīshēng ma?
您需要看医生吗?

B Búyòng,　xièxie.
不用，谢谢。

A Nà nín zài bīnguǎn xiūxi ba,　rúguǒ xūyào qù yīyuàn,
那您在宾馆休息吧，如果需要去医院，

qǐng gěi wǒ dǎ diànhuà.
请给我打电话。

B Hǎo de,　xièxie!
好的，谢谢!

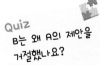
Quiz
B는 왜 A의 제안을
거절했나요?

☐ 몸이 좋지 않아서
☐ 병원에 가야 해서

🎧 02-08

New Words
● 邀请 yāoqǐng 몡 통 초청(하다), 초대(하다)　● 还是 háishi 뷔 ~하는 편이 (더) 좋다

회화 연습

STEP 1 알맞게 연결하여 대화를 연습해 보세요.

1 今天的安排满意吗? •　　　　　　　　　 • 不用，谢谢。

2 您需要看医生吗? •　　　　　　　　　 • 我打算和朋友一起去唱歌。

3 你今天有什么安排? •　　　　　　　　　 • 非常满意，谢谢您的安排。

STEP 2 제시된 단어로 바꾸어 연습해 보세요.　　　　　　　　🎧 02-09

1 你今天有什么<u>安排</u>?

打算	事情	计划

🔊 **计划** jìhuà 명 계획

2 我打算和<u>朋友</u>一起去<u>唱歌</u>。

家人 / 跑步	弟弟 / 医院	同事们 / 喝酒

3 <u>您</u>是<u>我们</u>最<u>重要</u>的<u>客户</u>。

昨天 / 这个月 / 冷 / 一天
这 / 我 / 喜欢 / 咖啡
那 / 我们公司 / 好 / 办公室

4 我们一定要<u>安排好</u>。

> 坚持到底　　　注意安全　　　考虑清楚

🔔 **坚持** jiānchí 통 지속하다, 끝까지 버티다 | **到底** dàodǐ 통 끝까지 ~하다 |
考虑 kǎolǜ 통 고려하다 | **清楚** qīngchu 형 분명하다, 명확하다

5 <u>您</u>安排<u>得很好</u>。

> 房间 / 布置　　　考试 / 考　　　他 / 干

🔔 **布置** bùzhì 통 배치하다, 장식하다

6 我有点儿<u>不舒服</u>，还是<u>不</u>去了。

> 困 / 看　　　撑了 / 吃　　　头疼 / 说

🔔 **撑** chēng 통 꽉 채우다

STEP **3**　자신의 상황에 맞게 대답해 보세요.

1 你今天有什么安排?

▶ _____

😊 일정 조정 요청하기

Wáng mìshū, qǐng kànkan wǒ de rìchéng, gěi wǒ ānpái yíxià zhèxiē
王秘书，请看看我的日程，给我安排一下这些

shìqing. Dì yī, Qián jīnglǐ yāoqǐng wǒ qù tāmen gōngsī kāihuì, qǐng
事情。第一，钱经理邀请我去他们公司开会，请

kànkan nǎ tiān wǒ yǒu shíjiān. Dì èr, CTI gōngsī shì wǒmen zuì zhòngyào
看看哪天我有时间。第二，CTI公司是我们最重要

de kèhù, wǒ yào hé tāmen de Lǐ jīnglǐ jiànmiàn, qǐng gěi wǒ ānpái
的客户，我要和他们的李经理见面，请给我安排

yíxià. Dì sān, Zhāng jīnglǐ wèn wǒ xià zhōu yuànyì bú yuànyì gēn tā yì
一下。第三，张经理问我下周愿意不愿意跟他一

qǐ chūchāi, wǒ xiǎng qù, xià zhōu wǒ bú zài, wǒ xià zhōu de rìchéng shì
起出差，我想去，下周我不在，我下周的日程是

shénme? Rúguǒ yǒu zhòngyào de shìqing, qǐng ānpái dào xià xià zhōu.
什么？如果有重要的事情，请安排到下下周。

💬 Speaking Training

1. 빈칸을 자유롭게 채워 말해 보세요.

王秘书，请看看我的日程，给我安排一下这些事
情。第一，＿＿＿＿＿＿＿＿＿＿＿＿＿＿＿＿。
第二，＿＿＿＿＿＿＿＿＿＿＿＿＿＿＿＿＿＿。
第三，＿＿＿＿＿＿＿＿＿＿＿＿＿＿＿＿＿＿。

🎧 02-11

 New Words ● 愿意 yuànyì 동 ~하기를 바라다

단문 **연습**

STEP **1**   다음 문장과 본문 내용이 일치하면 V, 틀리면 X를 표시하고, 바르게 고쳐 말해 보세요.

1 钱经理邀请他去钱经理公司开会。 ☐

  ▶ _____

2 张经理问他下周愿意不愿意一起吃饭。 ☐

  ▶ _____

3 王秘书可能会把下周的重要事情，安排到下个月。 ☐

  ▶ _____

(((•))) 把 bǎ 개 ~을, 를

STEP **2**   다음 질문에 답해 보세요.

1 他让王秘书安排几件事情？

  ▶ _____

2 他们最重要的客户是谁？

  ▶ _____

3 他愿意不愿意跟张经理一起出差？

  ▶ _____

정리하기

1 동사 打算

동사 '打算'은 '~하려 하다'라는 의미로 구체적인 계획을 가진 상태를 나타냅니다.

你打算什么时候走?
Nǐ dǎsuàn shénme shíhou zǒu?

我打算去中国。
Wǒ dǎsuàn qù Zhōngguó.

我打算回去了。
Wǒ dǎsuàn huíqu le.

我打算在日本呆两天。
Wǒ dǎsuàn zài Rìběn dāi liǎng tiān.

2 부사 一定

부사어 '一定'은 '반드시', '꼭'이라는 의미를 가집니다. 뒤에 의지를 나타내는 조동사 '要'와 함께 자주 쓰입니다.

经理一定要英语好吗?
Jīnglǐ yídìng yào Yīngyǔ hǎo ma?

我一定要给他买礼物。
Wǒ yídìng yào gěi tā mǎi lǐwù.

肺癌一定要做手术吗?
Fèi'ái yídìng yào zuò shǒushù ma?

中美关系一定要搞好。
Zhōng Měi guānxi yídìng yào gǎohǎo.

🔔 肺癌 fèi'ái 몡 폐암 | 手术 shǒushù 몡 수술

💡 Quiz 이번 과에서 배운 내용을 바탕으로 중국어로 바꾸어 써 보세요.

1. ① 당신은 언제 갈 계획인가요?

   ▶ _____

   ② 저는 중국에 가려고 합니다.

   ▶ _____

   ③ 저는 돌아가려고 합니다.

   ▶ _____

   ④ 저는 일본에서 이틀 묵으려고 합니다.

   ▶ _____

2. ① 사장은 반드시 영어를 잘해야 하나요?

   ▶ _____

   ② 저는 그에게 꼭 선물을 사 줄 겁니다.

   ▶ _____

   ③ 폐암은 꼭 수술을 해야 하나요?

   ▶ _____

   ④ 중미관계는 반드시 잘 처리해야 합니다.

   ▶ _____

3 부사 还是

2권에서 '또는', '아니면'이라는 의미로 선택의문문에 사용되는 접속사 쓰임의 '还是'를 배웠습니다. 본문에서 '还是'는 여러 선택지 중 하나를 골라 '~하는 편이 좋다'라는 뜻을 나타내는 부사로 쓰였습니다.

还是不吃了。
Háishi bù chī le.

还是我来帮你!
Háishi wǒ lái bāng nǐ!

天冷了，还是多穿点儿吧。
Tiān lěng le, háishi duō chuān diǎnr ba.

그밖에 '还是'는 '아직도', '여전히'라는 의미도 가지고 있습니다.

还是老样子。
Háishi lǎoyàngzi.

我还是很喜欢你。
Wǒ háishi hěn xǐhuan nǐ.

((ᵔ)) 老样子 lǎoyàngzi 몡 옛모습, 옛모양

4 조동사 愿意

조동사 '愿意'는 동의나 희망의 의미를 갖고 있습니다. '想'이 적극적 바람이라면 '愿意'는 어떤 상황이나 조건에서의 동의를 나타냅니다.

你愿意去吗?
Nǐ yuànyì qù ma?

你到底愿意不愿意?
Nǐ dàodǐ yuànyì bú yuànyì?

你愿意嫁给他吗?
Nǐ yuànyì jià gěi tā ma?

我愿意当经理。
Wǒ yuànyì dāng jīnglǐ.

((ᵔ)) 到底 dàodǐ 뭐 도대체

---

3. ① 아무래도 먹지 않는 게 좋겠어요.

▶ _____

② 그냥 제가 당신을 도와줄게요!

▶ _____

③ 날씨가 추워졌어요, 더 입는 게 좋겠어요.

▶ _____

④ 아직 그대로입니다.

▶ _____

⑤ 저는 여전히 당신을 좋아합니다.

▶ _____

4. ① 당신은 가길 원하나요?

▶ _____

② 당신은 도대체 원하는 건가요 아닌가요?

▶ _____

③ 당신은 그에게 시집 가기를 원하나요?

▶ _____

④ 저는 사장이 되고 싶습니다.

▶ _____

1 녹음을 듣고 대화 내용과 일치하는 것을 고르세요. 🎧 02-12

A    B    C

(1) (   )   (2) (   )

2 녹음을 듣고 질문에 알맞은 답을 고르세요. 🎧 02-13

(1) A 跑步   B 散步   C 看医生

(2) A 明天早上7点   B 今天晚上7点   C 明天晚上7点

3 주어진 단어를 사용하여 빈칸을 채우세요.

보기   还是   看医生   邀请   安排   打电话

A가 B에게 식사를 대접하려 한다.

A 您明天晚上有什么_____吗?

B 没有。

A 我想请您吃饭。

B 谢谢您的_____，但是我有点儿不舒服，_____不去了。

A 您需要_____吗?

B 不用，谢谢。

A 那您在宾馆休息吧，如果需要去医院，请给我_____。

B 好的，谢谢!

4 주어진 단어를 알맞은 순서로 배열하여 문장을 완성하세요.

(1) 事情 　 一下 　 给 　 这些 　 我 　 安排 　 。

▶ _____

(2) 您 　 很 　 好 　 安排 　 得 　 。

▶ _____

(3) 有 　 请 　 如果 　 下下周 　 重要的事情 　 安排 　 到 　 ，　 。

▶ _____

5 괄호 안의 단어를 넣어 연습한 후, 자유롭게 교체하여 대화해 보세요.

(1) A 你今天有什么安排?
　　B 我打算_____，你呢？(和朋友一起去唱歌)
　　A 我打算_____。(去跑步)

(2) A 今天的安排满意吗?
　　B _____。(非常满意，谢谢您的安排)

6 제시된 표현을 사용하여 다음 주제와 상황에 맞게 말해 보세요.

주제 　 일정 정하기

상황 　 당신은 왕 사장의 비서입니다. 기존 일정을 참고하여 이번 주 새로운 일정을
　　　정리하여 말해 보세요.

기존 일정

시간	장소	내용
월요일 09:00~10:30	회사	미팅
화요일 14:00	회사	미팅

새로운 일정

1. 출장(다음 주 월요일에 귀국하는 일정)
2. CTI 회사 방문
3. 미스터 가오와의 저녁 식사

Wǒ de jìhuà

我的计划

| 나의 계획

학습 목표 ☐ 자신의 계획에 대해 구체적으로 말할 수 있다.

학습 내용 ☐ 计划 ☐ 동사 觉得 ☐ 단위가 큰 숫자 읽기 ☐ 부사 只 ☐ 연도 표현

STEP 1 이번 과의 주제와 관련된 단어를 따라 읽어 보세요. 🎧 03-01

结婚	搬家	跳槽
jiéhūn	bānjiā	tiàocáo
결혼하다	이사하다	직장을 옮기다

STEP 2 이번 과의 핵심 문장을 발음과 억양에 유의하여 따라 읽어 보세요. 🎧 03-02

1 今年还有计划去旅游吗? ☑ ☐ ☐

Jīnnián hái yǒu jìhuà qù lǚyóu ma?

2 我看了你的工作计划。 ☑ ☐ ☐

Wǒ kànle nǐ de gōngzuò jìhuà.

3 这是我的计划，你觉得怎么样? ☑ ☐ ☐

Zhè shì wǒ de jìhuà, nǐ juéde zěnmeyàng?

😊 **여행 계획 말하기**

따라 읽기 1 / 2 / 3 🎧 03-03

Jīnnián hái yǒu jìhuà qù lǚyóu ma?
A 今年还有计划去旅游吗?

Yǒu.　Jīnnián jìhuà qù Rìběn.
B 有。今年计划去日本。

Shénme shíhou qù?
A 什么时候去?

Wǒ dǎsuàn dōngtiān qù. Zhè shì wǒ de jìhuà,　nǐ juéde zěnmeyàng?
B 我打算冬天去。这是我的计划,你觉得怎么样?

Nǐ xiān qù Rìběn,　ránhòu qù Hánguó?
A 你先去日本,然后去韩国?

Duì,　zhèyàng fēijīpiào zuì piányi.
B 对,这样飞机票最便宜。

Rúguǒ xiān qù Hánguó,　yào yíwàn sānqiān kuài, dànshì rúguǒ xiān qù
如果先去韩国,要一万三千块,但是如果先去
Rìběn,　zhǐ yào bāqiān kuài.
日本,只要八千块。

Zhēn piányi!
A 真便宜!

Quiz
한국에 먼저 가면
비행기표 값은
얼마인가요?

☐ 8,000위안
☐ 13,000위안

🎧 03-04

New Words ・计划 jìhuà 몡 계획, 작정, 방안 통 계획하다 ・冬天 dōngtiān 몡 겨울 ・觉得 juéde 통
~라고 느끼다, ~라고 여기다 ・万 wàn 㑞 만 ・千 qiān 㑞 천

😊 업무 계획 말하기

 따라 읽기 1 / 2 / 3 🎧 03-05

Xiǎo Wáng, wǒ kànle nǐ de gōngzuò jìhuà.

A 小王，我看了你的工作计划。

Jīnglǐ, yǒu shénme wèntí ma?

B 经理，有什么问题吗？

Wǒmen gōngsī qùnián yǒu shí ge xīn chǎnpǐn, jīnnián yǒu shíwǔ ge,

A 我们公司去年有10个新产品，今年有15个，

míngnián zhǐ yǒu bā ge?

明年只有8个？

Duì, jīnglǐ, jīnnián zuò de tài duō le.

B 对，经理，今年做得太多了。

Wǒ juéde tài shǎo, míngnián kěyǐ zuò shí ge xīn chǎnpǐn ma?

A 我觉得太少，明年可以做10个新产品吗？

Qǐng ràng wǒ xiǎngxiang.

B 请让我想想。

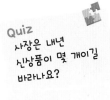

Quiz
사장은 내년
신상품이 몇 개이길
바라나요?

☐ 8개

☐ 10개

🎧 03-06

 New Words

• **去年** qùnián 몡 작년　• **产品** chǎnpǐn 몡 생산품, 제품　• **只** zhǐ 뷔 단지, 다만, 오직

• **少** shǎo 혱 적다, 부족하다　• **想** xiǎng 동 생각하다, 추측하다

회화 연습

STEP 1 알맞게 연결하여 대화를 연습해 보세요.

1 什么时候去?   •   • 对，这样飞机票最便宜。

2 明年可以做十个新产品吗? •   • 请让我想想。

3 你先去日本，然后去韩国? •   • 我打算冬天去。

STEP 2 제시된 단어로 바꾸어 연습해 보세요.   🔊 03-07

1 今年计划<u>去日本</u>。

结婚	去中国学习	开一家商店

2 你先去<u>日本</u>，然后去<u>韩国</u>?

美国 / 加拿大	中国 / 俄罗斯	泰国 / 越南

🔔 **加拿大** Jiānádà [고유] 캐나다 | **俄罗斯** Éluósī [고유] 러시아 | **泰国** Tàiguó [고유] 태국 | **越南** Yuènán [고유] 베트남

3 <u>一</u>万<u>四</u>千块。

两 / 八	五 / 七	九 / 三

4 <u>明年</u>只有8<u>个</u>。

他 / 喝咖啡　　小李 / 在星期天跑步　　小高 / 可以休息两天

5 <u>我觉得太少</u>。

他 / 很冷　　　小张 / 咖啡很好喝　　　小王 / 坐地铁很快

6 请让我<u>想想</u>。

看看　　　听听　　　尝尝

STEP 3 자신의 상황 혹은 제시된 자료에 맞게 대답해 보세요.

1 今年有计划去旅游吗?

▶ _____

2 A 你先去日本，然后去韩国?
　　B 对，这样飞机票最便宜。
　　　如果_____，但是如果_____。

일정	가격
中国−韩国−日本	13,000元
中国−日本−韩国	8,000元

😊 내년 계획 말하기

03-08

Wǒ míngnián de jìhuà shì: Yī yuè dào qī yuè qù Zhōngguó xuéxí Hàn
我明年的计划是：1月到7月去中国学习汉

yǔ,   xuéxí de shíhou měitiān pǎobù.   Ránhòu wǒ yào huí gōngsī gōngzuò.
语，学习的时候每天跑步。然后我要回公司工作。

Shí'èr yuè li méi shénme shìqing, bú tài máng, kěyǐ xiūxi yíxià.   Qùnián
12月里没什么事情，不太忙，可以休息一下。去年

Wǒ qùle Hánguó,   jīnnián qùle Rìběn,   míngnián wǒ jìhuà qù měiguó
我去了韩国，今年去了日本，明年我计划去美国

lǚyóu.   Nǐ juéde zěnmeyàng?
旅游。你觉得怎么样？

💬 Speaking Training

1. 빈칸을 자유롭게 채워 말해 보세요.

我明年的计划是：_____月到_____月去_____学
习_____，学习的时候每天跑步。然后我要回公司工
作。_____月里没什么事情，不太忙，可以休息一下。
去年我去了_____，今年去了_____，明年我计划去
_____旅游。你觉得怎么样？

STEP 1 다음 문장과 본문 내용이 일치하면 V, 틀리면 X를 표시하고, 바르게 고쳐 말해 보세요.

1 他计划1月到7月去中国学习汉语。 ☐

▶ _____

2 12月里有很多事情，很忙。 ☐

▶ _____

3 明年他计划去美国工作。 ☐

▶ _____

STEP 2 다음 질문에 답해 보세요.

1 明年他什么时候可以休息?

▶ _____

2 去年他去哪儿了?

▶ _____

3 他今年去了哪儿?

▶ _____

정리하기

1 计划

'计划'는 '계획', '계획하다'라는 의미로 명사와 동사로 사용이 가능합니다. '打算'보다 공적이고 구체적인 느낌이 있습니다.

计划生育。
Jìhuà shēngyù.

计划已经订好了。
Jìhuà yǐjīng dìnghǎo le.

你有什么计划?
Nǐ yǒu shénme jìhuà?

你计划着我们的未来，我计划着怎么离开。
Nǐ jìhuàzhe wǒmen de wèilái, wǒ jìhuàzhe zěnme líkāi.

生育 shēngyù 몡 출산 | 未来 wèilái 몡 미래 | 离开 líkāi 동 떠나다, 벗어나다

2 동사 觉得

동사 '觉得'는 '~라고 느끼다'라는 의미로 뒤에 형용사구나 절 등이 올 수 있습니다.

我觉得不行。
Wǒ juéde bù xíng.

我觉得有点累。
Wǒ juéde yǒudiǎn lèi.

我觉得他喜欢我。
Wǒ juéde tā xǐhuan wǒ.

我觉得这个音乐很不错。
Wǒ juéde zhège yīnyuè hěn búcuò.

Quiz 이번 과에서 배운 내용을 바탕으로 중국어로 바꾸어 써 보세요.

1. ① 산아제한정책 ▶ _____   ② 계획은 이미 정했습니다. ▶ _____

   ③ 당신은 어떤 계획이 있나요? ▶ _____

   ④ 당신은 우리의 미래를 계획하고 있고, 저는 어떻게 떠날까 계획하고 있습니다. ▶ _____

2. ① 제 생각에 안 될 것 같습니다.   ② 저는 조금 피곤한 것 같습니다.

   ▶ _____   ▶ _____

   ③ 제 생각에 그가 저를 좋아합니다.   ④ 저는 이 음악이 괜찮다고 생각합니다.

   ▶ _____   ▶ _____

3 단위가 큰 숫자 읽기

천은 '千', 만은 '万', 억은 '亿' 조는 '兆'를 사용해서 표현합니다. 두, 세 자리 숫자 읽는 법과 동일하며 중간에 0이 들어가는 경우에는 '零'을 넣어 읽어줍니다.

他放弃了年薪一亿的工作。
Tā fàngqìle niánxīn yí yì de gōngzuò.

第二季度的销售额为180万元。
Dì èr jìdù de xiāoshòu'é wéi yìbǎi bāshí wàn yuán.

🔔 **放弃** fàngqì 동 포기하다 ∣ **年薪** niánxīn 명 연봉 ∣ **季度** jìdù 명 분기 ∣ **销售额** xiāoshòu'é 명 매출액

4 부사 只

부사 '只'는 '단지'라는 뜻으로 동사나 조동사 앞에 놓이거나, 명사 앞에 놓여서 사물의 수량을 제한합니다.

我只有两本。
Wǒ zhǐ yǒu liǎng běn.

他只知道他的学生。
Tā zhǐ zhīdào tā de xuésheng.

我只想问一个问题。
Wǒ zhǐ xiǎng wèn yí ge wèntí.

只他一个人去行吗?
Zhǐ tā yí ge rén qù xíng ma?

5 연도 표현

다음과 같이 연도를 표현할 수 있습니다.

재작년	작년	올해	내년	내후년
前年	去年	今年	明年	后年
qiánnián	qùnián	jīnnián	míngnián	hòunián

3. ① 그는 연봉 1억의 일을 포기했습니다.

▶ _____

② 제 2분기 매출액은 180만 위안입니다.

▶ _____

4. ① 저는 두 권 밖에 없습니다.

▶ _____

② 그는 그의 학생밖에 모른다.

▶ _____

③ 저는 단지 질문 하나만 하고 싶습니다.

▶ _____

④ 그 사람 혼자 가도 괜찮을까요?

▶ _____

5. ① 작년 ▶ _____

② 올해 ▶ _____

③ 내후년 ▶ _____

종합 연습

1 녹음을 듣고 대화 내용과 일치하는 것을 고르세요. 🎧 03-09

A  B C

(1) (   ) (2) (   )

2 녹음을 듣고 질문에 알맞은 답을 고르세요. 🎧 03-10

(1) A 十个　　　　B 九个　　　　C 八个

(2) A 春天　　　　B 秋天　　　　C 冬天

3 주어진 단어를 사용하여 빈칸을 채우세요.

> 보기　　便宜　　怎么样　　只要　　但是　　计划

A가 B에게 여행 계획에 대해 말한다.

A 这是我的_____，你觉得_____？

B 你先去日本，然后去韩国？

A 对，这样飞机票最_____。

　　如果先去韩国，要一万三千块，_____如果先去日本，_____八千块。

B 真便宜！

4 주어진 단어를 알맞은 순서로 배열하여 문장을 완성하세요.

(1) 做　　今年　　得　　多了　　太　　。

   ▶ _____

(2) 想　　请　　想　　让　　我　　。

   ▶ _____

(3) 旅游　　美国　　计划　　明年　　我　　去　　。

   ▶ _____

5 괄호 안의 단어를 넣어 연습한 후, 자유롭게 교체하여 대화해 보세요.

(1) A 今年还有计划去旅游吗?
   B 有，今年计划_____。(去日本)

(2) A 你先去_____，然后去_____? (日本/韩国)
   B 对，这样_____最便宜。(飞机票)
      如果先去_____，要_____块，但是如果先去_____，
      只要_____块。(韩国/一万三千/日本/八千)

6 제시된 표현을 사용하여 다음 주제와 상황에 맞게 말해 보세요.

주제 자신의 취향에 대해 설명하기 – 자신이 좋아하는 계절을 설명해 보세요.

표현 계절 – 春天　夏天　秋天　冬天
    날씨 – 冷　凉快　暖和　热　下雪　下雨
    계절 관련 활동 – 散步　跑步　游泳　滑冰　滑雪

Tōngzhī

通知

| 공지

어떤 공지요?

회의는 내일 오전으로 잡혔습니다.

학습 목표 ☐ 공지에 대해 묻고 답할 수 있다.

학습 내용 ☐ 부서 명칭 ☐ 공지 예시 ☐ 개사 关于 ☐ 每……都

STEP 1 이번 과의 주제와 관련된 단어를 따라 읽어 보세요. 🎧 04-01

通知
tōngzhī
공지

部门
bùmén
부서

员工
yuángōng
직원

STEP 2 이번 과의 핵심 문장을 발음과 억양에 유의하여 따라 읽어 보세요. 🎧 04-02

1 看到通知了吗? ☑ ☐ ☐
kàndào tōngzhī le ma?

2 会议安排到明天上午了。 ☑ ☐ ☐
Huìyì ānpái dào míngtiān shàngwǔ le.

3 第二个通知是关于员工大会的，每位员工都要参加。 ☑ ☐ ☐
Dì èr ge tōngzhī shì guānyú yuángōng dàhuì de,
měi wèi yuángōng dōu yào cānjiā.

회화

😊 인사 이동 공지

Xiǎo Zhāng, kàndào tōngzhī le ma?

A 小张，看到通知了吗?

Shénme tōngzhī?

B 什么通知?

Lǐ Běi xià ge yuè jiù shì wǒmen bùmén de xīn jīnglǐ le.

A 李北下个月就是我们部门的新经理了。

🎧 04-04

Quiz
다음 달에 사장이 되는
사람은 누구인가요?

☐ 샤오장
☐ 리베이

> **New Words** ● 通知 tōngzhī 몡통 공지(하다) ● 部门 bùmén 몡 부문, 부서, 과

😊 분실물 센터 연락

Nín hǎo, qǐngwèn shì Wáng Huān xiǎojiě ma?

A 您好，请问是王欢小姐吗?

Shì de, nín shì nǎ wèi?

B 是的，您是哪位?

Zhèlǐ shì jīchǎng, tōngzhī nín yíxià, nín de xínglixiāng yǐjīng zhǎodào le.

A 这里是机场，通知您一下，您的行李箱已经找到了。

Zhēn de ma? Tài hǎo le, wǒ xiànzài kěyǐ qù qǔ ma?

B 真的吗? 太好了，我现在可以去取吗?

Kěyǐ, wǒmen de bàngōngshì zài èr hào lóu yāo yāo líng sān.

A 可以，我们的办公室在2号楼1103。

🎧 04-06

Quiz
여행용 가방은
어디에서 찾나요?

☐ 2동 1103호
☐ 2동 2103호

> **New Words** ● 行李箱 xínglixiāng 몡 트렁크, 여행용 가방 ● 取 qǔ 통 가지다, 얻다, 고르다

☺ 회의 일정 공지

Wáng mìshū,　nín hǎo,　wǒmen shì sān diǎn kāihuì ma?

A 王秘书，您好，我们是3点开会吗？

Lǐ　jīnglǐ,　　　nín hǎo,　nín méiyǒu jiēdào tōngzhī ma?

B 李经理，您好，您没有接到通知吗？

Tōngzhī?　Shénme tōngzhī?

A 通知？什么通知？

Huìyì ānpái dào míngtiān shàngwǔ le.

B 会议安排到明天上午了。

Zhēn bàoqiàn, wǒ wàngjì le,　míngtiān jiàn.

A 真抱歉，我忘记了，明天见。

Míngtiān jiàn.

B 明天见。

Quiz

리 사장은 왜
회의 시간을 몰랐나요?

☐ 공지를 받지
　못했다

☐ 공지 받았다는
　사실을 잊었다

🎧 04-08

New Words　● 忘记 wàngjì 图 잊어버리다, 소홀히 하다

회화 연습

STEP 1 알맞게 연결하여 대화를 연습해 보세요.

1 您好，请问是王欢小姐吗？ •   • 会议安排到明天上午了。

2 您的行李箱已经找到了。 •   • 真的吗？太好了。

3 什么通知？ •   • 是的，您是哪位？

STEP 2 제시된 단어로 바꾸어 연습해 보세요.   🎧 04-09

1 看到通知了吗？

月亮   我的短信   我的钱包

🔔 **月亮** yuèliang 몡 달

2 李北下个月就是我们部门的新经理了。

人事   财务   营销

🔔 **人事** rénshì 몡 인사 | **财务** cáiwù 몡 재무 | **营销** yíngxiāo 통 영업하다, 판촉하다

3 您的行李箱已经找到了。

钥匙   手机   自行车

4 他们<u>找到</u>我的行李箱<u>了</u>。

> 我 / 看 / 放假的通知
> 小李 / 接 / 公司的电话
> 张经理 / 邀请 / 王经理

5 <u>您</u>没有<u>接</u>到<u>通知</u>吗?

> 小张 / 看 / 他的伞　你 / 买 / 黑色的西装　李经理 / 听 / 我的留言

6 我<u>忘记</u>了。

> 带　　拿　　掉

STEP 3 제시된 자료에 맞게 대답해 보세요.

1 A 看到通知了吗?
　　 B 什么通知?
　　 A 李北下个月就是_____的新_____了。

通知		
부서	성명	직급
人事部门	李北	经理

😊 워크샵 일정 공지하기

Zhāng mìshū, qǐng nǐ xiě liǎng ge tōngzhī.   Dì yī ge tōngzhī shì fàng
张秘书，请你写两个通知。第一个通知是放

jià tōngzhī,   wǒmen shí yuè yī hào dào shí yuè qī hào fàngjià, tōngzhī yíxià.
假通知，我们10月1号到10月7号放假，通知一下。

Dì èr ge tōngzhī shì guānyú yuángōng dàhuì de, měi wèi yuángōng dōu yào cān
第二个通知是关于员工大会的，每位员工都要参

jiā.   Huìyì ānpái zài xià zhōuwǔ,   jiǔ yuè shíwǔ hào, zài liù céng de huìyì shì,
加。会议安排在下周五，9月15号，在6层的会议室，

yídìng yào tōngzhī dào měi wèi yuángōng.
一定要通知到每位员工。

💬 Speaking Training

1. 빈칸을 자유롭게 채워 말해 보세요.

　　张秘书，请你写两个通知。第一个通知是＿＿＿通
知，我们＿＿＿月＿＿＿号到＿＿＿月＿＿＿号＿＿＿，
通知一下。第二个通知是关于＿＿＿的，每位员工都
要参加。＿＿＿安排在下周五，＿＿＿月＿＿＿号，在
＿＿＿层的＿＿＿，一定要通知到每位员工。

🎧 04-11

New Words
放假 fàngjià 통 휴가로 쉬다 · **关于** guānyú 개 ~에 관해서 · **员工** yuángōng 명 직원
· **参加** cānjiā 통 참가하다

단문 **연습**

STEP 1 다음 문장과 본문 내용이 일치하면 V, 틀리면 X를 표시하고, 바르게 고쳐 말해 보세요.

1 他们公司10月1号到10月5号放假。 ☐

▶ _____

2 第二个通知是关于员工大会的。 ☐

▶ _____

3 会议安排在下周五，9月15号，在6层的会议室。 ☐

▶ _____

STEP 2 다음 질문에 답해 보세요.

1 要通知的内容是什么?

▶ _____

2 谁要参加员工大会?

▶ _____

3 员工大会在哪儿开?

▶ _____

정리하기

1 부서 명칭

부서(部门 bùmén)와 관련된 표현을 중국어로 알아봅시다.

인사	재무	영업
人事	财务	营销
rénshì	cáiwù	yíngxiāo
홍보	**기획**	**구매**
公关	策划	采购
gōngguān	cèhuà	cǎigòu
생산	**기술**	**고객서비스**
生产	技术	客服
shēngchǎn	jìshù	kèfú

2 공지 예시

공지 예시를 살펴봅시다.

通知

我公司的全体高管会议将于<u>2020年3月1日</u>在<u>1134会议室</u>召开。

特此通知。

2020年2月20日

공지

당사의 전체 임원진 회의를 2020년 3월 1일 1134 회의실에서 개최합니다.

이에 통지합니다.

2020년 2월 20일

Quiz 이번 과에서 배운 내용을 바탕으로 중국어로 바꾸어 써 보세요.

1. ① 인사 ▶ _____ ② 재무 ▶ _____ ③ 영업 ▶ _____

④ 홍보 ▶ _____ ⑤ 기획 ▶ _____ ⑥ 구매 ▶ _____

⑦ 생산 ▶ _____ ⑧ 기술 ▶ _____ ⑨ 고객서비스 ▶ _____

3　개사 关于

개사 '关于'는 '~에 관하여'라는 뜻으로 범위와 내용을 나타냅니다. '关于+목적어'의 형태로 쓰이며, 주어 앞에만 위치하고 주어 다음에는 위치하지 않습니다. 또한 단독으로 책, 논문, 글 등의 제목이 될 수 있습니다.

关于我们
Guānyú wǒmen

关于那件事我一点也不知道。
Guānyú nà jiàn shì wǒ yìdiǎn yě bù zhīdào.

关于出版问题
Guānyú chūbǎn wèntí

这是一个关于选择的故事。
Zhè shì yí ge guānyú xuǎnzé de gùshì.

4　每……都

'每……都'는 '매 ~마다 모두 ~하다'라는 뜻을 나타냅니다.

每个人都有自己的优点。
Měi ge rén dōu yǒu zìjǐ de yōudiǎn.

我每学期都能拿到奖学金。
Wǒ měi xuéqī dōu néng nádào jiǎngxuéjīn.

每次去吃饭，他都要点瓶啤酒。
Měi cì qù chī fàn, tā dōu yào diǎn píng píjiǔ.

(🔔) **优点** yōudiǎn 명 장점 | **奖学金** jiǎngxuéjīn 명 장학금

3. ① 우리에 대하여

　▶ _____

② 출판에 관한 문제

　▶ _____

③ 그 일에 대해서 저는 하나도 모릅니다.

　▶ _____

④ 이것은 선택에 관한 이야기입니다.

　▶ _____

4. ① 모든 사람은 다 자신의 장점이 있습니다.　▶ _____

② 저는 매 학기마다 장학금을 받을 수 있습니다.　▶ _____

③ 매번 밥을 먹으러 가면 그는 맥주를 시킵니다.　▶ _____

종합 연습

1 녹음을 듣고 대화 내용과 일치하는 것을 고르세요. 🎧 04-12

A  B (가방) C

(1) (   )   (2) (   )

2 녹음을 듣고 질문에 알맞은 답을 고르세요. 🎧 04-13

(1) **A** 秘书   **B** 经理   **C** 客人

(2) **A** 今天下午   **B** 明天上午   **C** 后天中午

3 주어진 단어를 사용하여 빈칸을 채우세요.

> 보기   行李箱   可以   通知   真的吗   哪位

왕환이 분실물 센터의 연락을 받았다.

A 您好，请问是王欢小姐吗？

B 是的，您是_____？

A 这里是机场，_____您一下，您的_____已经找到了。

B _____？太好了，我现在可以去取吗？

A _____，我们的办公室在2号楼1103。

4 주어진 단어를 알맞은 순서로 배열하여 문장을 완성하세요.

(1) 你　请　两个　写　通知　。

　▶ _____

(2) 安排到　会议　上午　了　明天　。

　▶ _____

(3) 员工大会　第二个　关于　是　通知　的　。

　▶ _____

5 괄호 안의 단어를 넣어 연습한 후, 자유롭게 교체하여 대화해 보세요.

(1) A　我现在可以去取吗?

　　B　可以, 我们的_____在_____。(办公室/2号楼1103)

(2) A　您没有接到通知吗?

　　B　通知? 什么通知?

　　A　_____安排到_____了。(会议/明天上午)

6 제시된 표현을 사용하여 다음 주제와 상황에 맞게 말해 보세요.

　주제　회의 일정 공지하기 – 다음 공지를 보고 회의 일정에 대해 말해 보세요.

> **通知**
>
> 我公司的全体高管会议将于2020年3月1日在1134会议室召开。
> 特此通知。
>
> 　　　　　　　　　　　　　　　　　　　　2020年2月20日

Huānyíng guānglín.

欢迎光临。

| 어서 오세요.

있습니다. 이걸 봐 주세요.
지금 40% 할인 중이라
8,000위안밖에 안 합니다.

지금 할인 특혜
같은 게 있나요?

학습 목표 ☐ 물건 구매 시에 필요한 표현을 할 수 있다.

학습 내용 ☐ 양사 张 vs 份 ☐ 合适 vs 适合 ☐ 할인 표현

STEP 1 이번 과와 관련된 단어와 표현을 따라 읽어 보세요. 🎧 05-01

打折
dǎzhé
할인하다, 가격을 깎다

付款
fùkuǎn
돈을 지불하다

买一送一
mǎi yī sòng yī
원 플러스 원

STEP 2 이번 과의 핵심 문장을 발음과 억양에 유의하여 따라 읽어 보세요. 🎧 05-02

1 这些文件，每张复印10份。 ☑ ☐ ☐

Zhèxiē wénjiàn, měi zhāng fùyìn shí fèn.

2 你们现在有什么优惠吗？ ☑ ☐ ☐

Nǐmen xiànzài yǒu shénme yōuhuì ma?

3 现在打六折，只要八千元。 ☑ ☐ ☐

Xiànzài dǎ liù zhé, zhǐyào bāqiān yuán.

😊 **복사하기**

따라 읽기 1 / 2 / 3 🎧 05-03

Nǐ hǎo! Zhèlǐ kěyǐ fùyìn wénjiàn ma?
A 你好！这里可以复印文件吗？

Kěyǐ, xiānsheng, nín yào fùyìn shénme?
B 可以，先生，您要复印什么？

Zhèxiē wénjiàn, měi zhāng fùyìn shí fèn.
A 这些文件，每张复印10份。

Quiz
손님의 방문 목적은
무엇인가요?

☐ 서류 복사
☐ 팩스 발송

🎧 05-04

New Words ● 复印 fùyìn 동 복사하다 ● 份 fèn 양 신문·문건을 세는 단위

😊 **옷 구매하기**

따라 읽기 1 / 2 / 3 🎧 05-05

Nín hǎo; wǒ yào mǎi yí jiàn báisè de chènshān.
A 您好，我要买一件白色的衬衫。

Zhè jiàn zěnmeyàng?
B 这件怎么样？

Wǒ xiǎng shì yi shì.
A 我想试一试。

Quiz
와이셔츠의 할인 전
가격은 얼마인가요?

☐ 150위안
☐ 200위안

Bú dà bù xiǎo, hěn héshì.
B 不大不小，很合适。

Zhè jiàn chènshān xiànzài dǎ wǔ zhé, zhǐyào yìbǎi kuài.
这件衬衫现在打五折，只要一百块。

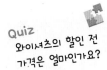

🎧 05-06

New Words ● 件 jiàn 양 일, 사건, 개체의 사물을 세는 데 사용함 ● 衬衫 chènshān 명 셔츠 ● 试 shì 동
시험하다, 시도하다 ● 合适 héshì 형 적당하다, 알맞다 ● 打折 dǎzhé 동 할인하다

😊 상품 판매 여부 묻기

Huānyíng guānglín! Zhèbian shì diànshìjī, zhàoxiàngjī zài nàbian.

A 欢迎光临！这边是电视机，照相机在那边。

Nǐmen zhèr yǒu kěyǐ zhíjiē dǎyìn zhàopiàn de zhàoxiàngjī ma?

B 你们这儿有可以直接打印照片的照相机吗？

Hěn bàoqiàn, méiyǒu.

A 很抱歉，没有。

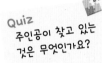

Quiz
주인공이 찾고 있는
것은 무엇인가요?

☐ 텔레비전
☐ 카메라

🎧 05-08

> **New Words** • 光临 guānglín 통 왕림하다, 오시다 • 电视机 diànshìjī 명 텔레비전 • 照相机 zhàoxiàngjī 명 카메라 • 直接 zhíjiē 형 직접적(인) • 照片 zhàopiàn 명 사진

😊 할인 문의하기

Nǐmen xiànzài yǒu shénme yōuhuì ma?

A 你们现在有什么优惠吗？

Yǒu, nín kànkan zhège, xiànzài dǎ liù zhé, zhǐyào bāqiān yuán.

B 有，您看看这个，现在打六折，只要八千元。

Tǐng hǎo de, zài nǎr fùkuǎn?

A 挺好的，在哪儿付款？

Zhèbian qǐng.

B 这边请。

Quiz
현재 몇 퍼센트 할인
중인가요?

☐ 60%
☐ 40%

🎧 05-10

> **New Words** • 优惠 yōuhuì 형 우대의, 특혜의 • 付款 fùkuǎn 통 돈을 지불하다

회화 연습

STEP 1 알맞게 연결하여 대화를 연습해 보세요.

1 你们现在有什么优惠吗? •　　　　　　　• 我想试一试。

2 这件怎么样? •　　　　　　　• 有，您看看这个，
　　　　　　　　　　　　　　　　现在打六折，只要八千元。

3 在哪儿付款? •　　　　　　　• 这边请。

STEP 2 제시된 단어로 바꾸어 연습해 보세요.　　　　　　　　🎧 05-11

1 我要买一<u>件</u><u>白色</u>的<u>衬衫</u>。

> 个 / 照相机　　　　杯 / 咖啡　　　　条 / 裤子

2 我想<u>试</u>一<u>试</u>。

> 走　　　　说　　　　看

3 这个<u>照相机</u><u>两百</u>块，现在打<u>五</u>折，只要<u>一百</u>块。

> 行李箱 / 六百 / 五 / 三百
> 电脑 / 六千 / 八 / 四千八百
> 手表 / 一万 / 六 / 六千

4 这边是<u>电视机</u>，<u>照相机</u>在那边。

> 男装 / 女装   水果 / 饮料   新商品 / 打折的

🔔 **男装** nánzhuāng 몡 남성 복장 | **女装** nǚzhuāng 몡 여성 복장

5 你们这儿有<u>可以直接打印照片的</u>照相机吗?

> 会说汉语的人   关于中国文化的书   无线蓝牙耳机

🔔 **无线** wúxiàn 몡 혱 무선(의) | **蓝牙** lányá 몡 블루투스 | **耳机** ěrjī 몡 이어폰

6 现在有什么<u>优惠</u>吗?

> 打算   好看的美剧   好的投资项目

🔔 **美剧** měijù 미국 드라마 | **投资** tóuzī 몡 동 투자(하다) | **项目** xiàngmù 몡 항목, 사항

STEP 3 제시된 그림에 맞게 대답해 보세요.

1 A 你们现在有什么优惠吗?

B 有，您看看这个，现在_____。

단문

😊 **할인 및 행사 품목 안내하기**

🎵 따라 읽기 **1 / 2 / 3** 🎧 05-12

Huānyíng guānglín běn diàn, běn zhōu yōuhuì duōduō. Xīngqīyī shuǐguǒ

欢迎光临本店，本周优惠多多。星期一水果

wǔ zhé, xīngqī'èr diànshì liù zhé, xīngqīsān zhàoxiàngjī qī zhé, xīng

五折，星期二电视六折，星期三照相机七折，星

qīsì kōngtiáo bā zhé, xīngqīwǔ chá jiǔ zhé, xīngqīliù kāfēi mǎi yī

期四空调八折，星期五茶九折，星期六咖啡买一

sòng yī. Xǐhuan nín lái, huānyíng nín lái.

送一。喜欢您来，欢迎您来。

💬 Speaking Training

1. 빈칸을 자유롭게 채워 말해 보세요.

　　　欢迎光临本店，本周优惠多多。星期一水果

____折，星期二电视____折，星期三照相机____折，

星期四空调____折，星期五茶___折，星期六咖啡买

____送____。喜欢您来，欢迎您来。

🎧 05-13

New Words ● **本** běn 때 자기 쪽의

STEP 1 다음 문장과 본문 내용이 일치하면 V, 틀리면 X를 표시하고, 바르게 고쳐 말해 보세요.

1 星期二电脑六折，星期三照相机三折。 ☐

▸ _____

2 星期四空调八折，星期五茶九折。 ☐

▸ _____

3 星期六牛奶买二送一。 ☐

▸ _____

STEP 2 다음 질문에 답해 보세요.

1 星期一有什么优惠活动？

▸ _____

2 电子产品什么时候打折？

▸ _____

3 星期六买咖啡，有什么优惠？

▸ _____

정리하기

1 양사 张 vs 份

'张'은 '장'이라는 뜻으로 종이를 세는 단위이고, '份'은 신문이나 문건을 세는 단위로 한 벌이라는 세트의 개념을 갖고 있습니다.

一张纸，两张画
yì zhāng zhǐ, liǎng zhāng huà

一份环球时报
yí fèn huánqiú shíbào

如何做一份优秀的简历?
Rúhé zuò yí fèn yōuxiù de jiǎnlì?

本合同一式两份，双方各执一份。
Běn hétóng yí shì liǎng fèn, shuāngfāng gè zhí yí fèn.

🔔 **时报** shíbào 명 시사일간지 | **如何** rúhé 대 어떻게 | **优秀** yōuxiù 형 우수하다 | **简历** jiǎnlì 명 이력서 |
合同 hétóng 명 계약서 | **式** shì 명 양식 | **双方** shuāngfāng 명 쌍방 | **执** zhí 통 가지다, 잡다

2 合适 vs 适合

'合适'와 '适合'는 모두 '알맞다', '적합하다'라는 의미를 갖습니다. 하지만 어법적으로 '合适'는 형용사이므로 동사인 '适合'와 다르게 뒤에 목적어가 오지 않습니다.

我们不合适。
Wǒmen bù héshì.

他担任这个工作很合适。
Tā dānrèn zhège gōngzuò hěn héshì.

这个菜适合他的口味。
Zhège cài shìhé tā de kǒuwèi.

哪些歌比较适合做手机铃声?
Nǎxiē gē bǐjiào shìhé zuò shǒujī língshēng?

🔔 **担任** dānrèn 통 맡다, 담당하다 | **口味** kǒuwèi 명 입맛 | **铃声** língshēng 명 벨소리

💡 Quiz
이번 과에서 배운 내용을 바탕으로 중국어로 바꾸어 써 보세요.

1. ① 종이 한 장, 그림 두 장 ▶ _____   ② 글로벌타임즈 한 부 ▶ _____

③ 어떻게 우수한 이력서 한 부를 만들 수 있을까요? ▶ _____

④ 이 계약서는 두 부를 작성해서 쌍방이 하나씩 갖도록 합니다. ▶ _____

2. ① 우리는 안 맞아요. ▶ _____   ② 그가 이 일을 맡는 것이 적합합니다. ▶ _____

③ 이 요리는 그의 입맛에 맞는다. ▶ _____   ④ 어떤 노래가 휴대폰 벨소리로 좋을까요? ▶ _____

3 할인 표현

'打折'는 '할인하다'라는 의미입니다. 주의할 점은 할인률에 대한 이해입니다. 예를 들어 100위안짜리 물건에 '打四折'는 40%를 깎는 것이 아니라 40%의 가격을 받는 것이므로 40위안에 판매한다는 뜻입니다.

这个手机打八折。
Zhège shǒujī dǎ bā zhé.

这些书现在打五折。
Zhèxiē shū xiànzài dǎ wǔ zhé.

哪些商店在打折?
Nǎxiē shāngdiàn zài dǎzhé?

学生可以打折优惠吗?
Xuésheng kěyǐ dǎzhé yōuhuì ma?

'할인하다' 외에 할인 및 판촉 행사에 자주 쓰이는 표현을 알아봅시다.

买一送一
Mǎi yī sòng yī

2件8折4件6折
Liǎng jiàn bā zhé sì jiàn liù zhé

满100元减30元
Mǎn yìbǎi yuán jiǎn sānshí yuán

前100名减100元
Qián yìbǎi míng jiǎn yìbǎi yuán

---

3. ① 이 휴대전화는 20% 할인합니다. ▶ _____

② 어떤 상점들이 할인 행사를 하고 있나요? ▶ _____

③ 이 책들은 지금 50% 할인합니다. ▶ _____

④ 학생은 할인이 되나요? ▶ _____

⑤ 원 플러스 원 ▶ _____

⑥ 100위안 이상 구매 시 30위안 할인 ▶ _____

⑦ 2개 구매 시 20% 할인, 4개 구매 시 40% 할인 ▶ _____

⑧ 선착순 100명에게는 100위안 할인 ▶ _____

종합 연습

1 녹음을 듣고 대화 내용과 일치하는 것을 고르세요. 🎧 05-14

(1) (   )   (2) (   )

2 녹음을 듣고 질문에 알맞은 답을 고르세요. 🎧 05-15

(1) **A** 10分钟   **B** 15分钟   **C** 25分钟

(2) **A** 蓝色   **B** 白色   **C** 黑色

3 주어진 단어를 사용하여 빈칸을 채우세요.

> 보기   付款   请   打   优惠   只要

A가 한국 여행 상품에 대해 문의한다.

A 你们现在有什么＿＿＿＿吗?

B 有，您看看这个，现在＿＿＿＿六折，＿＿＿＿八千元。

A 挺好的，在哪儿＿＿＿＿?

B 这边＿＿＿＿。

4 주어진 단어를 알맞은 순서로 배열하여 문장을 완성하세요.

(1) 试　　我　　一　　试　　想　　。

▶ _____

(2) 本周　　欢迎　　本店　　优惠　　光临　　多多　　，　　。

▶ _____

(3) 一　　星期六　　送　　买　　一　　咖啡　　。

▶ _____

5 괄호 안의 단어를 넣어 연습한 후, 자유롭게 교체하여 대화해 보세요.

(1) A 您要_____什么？（打印）

B 这些文件，每张_____份。（打印10）

(2) A 你们现在有什么优惠吗？

B 有，您看看这个，现在_____，只要_____元。

（打七折/九千）

6 제시된 표현을 사용하여 다음 주제와 상황에 맞게 말해 보세요.

주제 할인 안내하기

행사 포스터를 보고 할인 품
목과 할인율에 대해 이야기
해 보세요.

Qǐng pài rén lái xiūlǐ yíxià.

请派人来修理一下。

| 사람을 보내 수리해 주세요.

우리 회사 에어컨이 고장나서요. 사람을 보내 수리 좀 해 주세요.

네, 제가 바로 사람을 보내겠습니다.

학습 목표 □ 고장난 것에 대해 말하고 수리를 요청할 수 있다.

학습 내용 □ 麻烦 □ 派 □ 부사 马上 □ 고장을 나타내는 표현

준비하기

이번 과와 관련된 단어를 따라 읽어 보세요. 🎧 06-01

坏
huài
고장나다, 망가지다

修理
xiūlǐ
수리하다, 고치다

检查
jiǎnchá
점검하다, 조사하다

이번 과의 핵심 문장을 발음과 억양에 유의하여 따라 읽어 보세요. 🎧 06-02

1 麻烦你了。 ☑ ☐ ☐

Máfan nǐ le.

2 我们公司的空调坏了。 ☑ ☐ ☐

Wǒmen gōngsī de kōngtiáo huài le.

3 请派人来修理一下。 ☑ ☐ ☐

Qǐng pài rén lái xiūlǐ yíxià.

수리 요청하기 (1)

따라 읽기 1 / 2 / 3 🎧 06-03

Nín de diànnǎo zěnme le?

A 您的电脑怎么了？

Bù néng dǎyìn le.

B 不能打印了。

Wǒ lái jiǎnchá yíxià.

A 我来检查一下。

Máfan nǐ le.

B 麻烦你了。

Quiz
어떤 문제가
발생했나요?

☐ 컴퓨터가 켜지지
않는다
☐ 프린트가 되지
않는다

🎧 06-04

New Words ● 检查 jiǎnchá 통 검사하다, 점검하다 ● 麻烦 máfan 통 귀찮게[번거롭게] 하다, 성가시게 굴다

수리 요청하기 (2)

따라 읽기 1 / 2 / 3 🎧 06-05

Wǒ shì CTI gōngsī de Wáng Huān.

A 我是CTI公司的王欢。

Wǒmen gōngsī de kōngtiáo huài le, qǐng pài rén lái xiūlǐ yíxià.

我们公司的空调坏了，请派人来修理一下。

Hǎo de,　wǒ mǎshàng pài rén qù.

B 好的，我马上派人去。

Quiz
에어컨을 수리하러
누가 오나요?

☐ B가 직접
☐ B가 보낸 사람

🎧 06-06

New Words ● 空调 kōngtiáo 명 에어컨 ● 坏 huài 형 나쁘다, 불량하다 ● 派 pài 통 파견하다, 임명하다, 맡기다 ● 修理 xiūlǐ 통 수리하다, 고치다 ● 马上 mǎshàng 부 곧, 즉시

😊 수리 기사가 방문했을 때

Nín hǎo, nín zhèr de kōngtiáo huài le ma?
A 您好，您这儿的空调坏了吗？

Shì de.
B 是的。

Wǒ lái jiǎnchá yíxià.
A 我来检查一下。

Hǎo de, qǐng jìn.
B 好的，请进。

잠시 후

Nín hǎo, yǐjīng xiūlǐ hǎo le. Qǐng nín jiǎnchá yíxià.
A 您好，已经修理好了。请您检查一下。

Hǎo de, méi wèntí le, xièxie.
B 好的，没问题了，谢谢。

Qǐng nín zài zhèr qiān yíxià nín de míngzi.
A 请您在这儿签一下您的名字。
Rúguǒ zài yǒu wèntí, qǐng gěi wǒmen dǎ diànhuà.
如果再有问题，请给我们打电话。

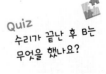

Quiz
수리가 끝난 후 B는
무엇을 했나요?

☐ 전화
☐ 서명

Xièxie, zàijiàn.
B 谢谢，再见。

 06-08

New Words ● 签 qiān 통 서명하다, 사인하다

STEP **1** 알맞게 연결하여 대화를 연습해 보세요.

1 您的电脑怎么了？   ·   · 好的，我马上派人去。

2 空调坏了，请派人来修理一下。·   · 麻烦你了。

3 我来检查一下。   ·   · 不能打印了。

STEP **2** 제시된 단어로 바꾸어 연습해 보세요.   🎧 06-09

1 A 您的<u>电脑</u>怎么了？
   B 不能<u>打印</u>了。

| 手机 / 拍照 | 自行车 / 骑 | 电视 / 打开 |

2 <u>空调</u>坏了。

| 电视 | 打印机 | 电脑 |

3 <u>请派人来修理一下</u>。

王经理 / 王欢 / 去机场 / 接李经理
张经理 / 他 / 来我们公司 / 送文件
李经理 / 张迎 / 去韩国 / 出差

4 <u>我</u>马上<u>去</u>。

他 / 来　　　她 / 走　　　经理 / 到

5 已经<u>修</u>好了。

做　　　写　　　打印

6 请您在这儿<u>签</u>一下<u>您的名字</u>。

看 / 资料　　　留 / 联系方式　　　等 / 出租车

(((·))) 留 liú 图 남기다

STEP 3 제시된 사진 혹은 자신의 상황에 맞게 대답해 보세요.

1 车怎么了？

▶ _____

2 你有没有需要修理的？

▶ _____

단문

😊 **수리 요청하기 (3)**

Wáng mìshū, wǒ míngtiān qù chūchāi, wénjiàn zài zhuōzi shang, wǒ
王秘书，我明天去出差，文件在桌子上，我

yǐjīng qiān le. Wǒ bàngōngshì de kōngtiáo huài le, bàngōngshì li hěn rè,
已经签了。我办公室的空调坏了，办公室里很热，

qǐng pài rén lái xiūlǐ yíxià. Wǒ de diànnǎo yě yǒu wèntí, bù néng dǎ
请派人来修理一下。我的电脑也有问题，不能打

yìn, yě qǐng pài rén lái xiūlǐ yíxià.
印，也请派人来修理一下。

💬 **Speaking Training**

1. 빈칸을 자유롭게 채워 말해 보세요.

　　王秘书，我明天去_____，文件在桌子上，我
已经_____了。我办公室的_____坏了，办公室里很
_____，请派人来修理一下。我的_____也有问题，不
能_____，也请派人来修理一下。

STEP 1 다음 문장과 본문 내용이 일치하면 V, 틀리면 X를 표시하고, 바르게 고쳐 말해 보세요.

1 她的办公室的空调坏了，办公室里很冷。 ☐

▶ _____

2 她的电脑不能上网。 ☐

▶ _____

3 她让王秘书派人来修理空调和电脑。 ☐

▶ _____

STEP 2 다음 질문에 답해 보세요.

1 她的办公室为什么很热?

▶ _____

2 电脑有什么问题?

▶ _____

3 她让秘书做什么?

▶ _____

정리하기

1 麻烦

'麻烦'은 '귀찮다', '번거롭다'라는 형용사 의미 외에 '번거롭게 하다', '폐를 끼치다'라는 동사의 의미와 '말썽', '골칫거리'라는 명사의 의미도 가지고 있습니다. 폐를 끼치거나 공손하게 부탁할 때 '麻烦'을 사용하여 다음과 같이 표현할 수 있습니다.

对不起，麻烦你了。
Duìbuqǐ, máfan nǐ le.

给您添麻烦了。
Gěi nín tiān máfan le.

麻烦你去一趟吧。
Máfan nǐ qù yí tàng ba.

麻烦您给我发个文件。
Máfan nín gěi wǒ fā ge wénjiàn.

2 派

'派'는 '파견하다'라는 동사의 의미를 가지고 있습니다.

公司派我去韩国工作。
Gōngsī pài wǒ qù Hánguó gōngzuò.

学校派学生去公司实习。
Xuéxiào pài xuésheng qù gōngsī shíxí.

그 밖에 명사로 사용되면 파벌이나 기풍을 나타내고, 양사로 사용되면 파벌이나 유파를 셀 때 사용합니다.

创立新学派。
Chuànglì xīn xuépài.

有人一做了官，就有官僚派的样子。
Yǒu rén yí zuòle guān, jiù yǒu guānliáo pài de yàngzi.

实习 shíxí 통 실습하다 | 创立 chuànglì 통 창립하다 | 做官 zuòguān 통 관리가 되다 | 官僚 guānliáo 명 관료

Quiz
이번 과에서 배운 내용을 바탕으로 중국어로 바꾸어 써 보세요.

1. ① 귀찮게 해서 죄송합니다.

▶ _____

② 당신께 폐를 끼쳤습니다.

▶ _____

③ 수고스럽지만 한 번 가 주세요.

▶ _____

④ 번거로우시겠지만 저에게 문서를 좀 보내 주세요.

▶ _____

2. ① 회사가 저를 한국으로 파견해 일하게 합니다.

▶ _____

② 학교는 학생을 회사로 파견해 실습을 시킵니다.

▶ _____

③ 새로운 학파를 창립하다.

▶ _____

④ 어떤 사람은 관료가 되면 바로 관료티를 낸다.

▶ _____

3 부사 马上

부사 '马上'은 '곧', '즉시'라는 뜻으로 동사 앞에 쓰여 어떤 일이 곧 발생함을 나타냅니다.

我马上派人去。
Wǒ mǎshàng pài rén qù.

秋天马上就到了。
Qiūtiān mǎshàng jiù dào le.

马上就要下雨了，赶紧回家吧。
Mǎshàng jiù yào xià yǔ le, gǎnjǐn huí jiā ba.

新学期马上就要开始了。
Xīn xuéqī mǎshàng jiù yào kāishǐ le.

赶紧 gǎnjǐn 뭐 서둘러, 빨리

4 고장을 나타내는 표현

고장이 났을 때 쓸 수 있는 표현을 알아봅시다.

프린터에 종이가 걸리다	타이어가 펑크 나다	변기가 막히다
打印机卡纸了。 Dǎyìnjī qiǎ zhǐ le.	车胎爆(破)了。 Chētāi bào (pò) le.	马桶堵了。 Mǎtǒng dǔ le.
시계가 가지 않는다	**불이 안 켜지다**	**액정이 깨지다**
手表不走了。 Shǒubiǎo bù zǒu le.	灯不亮了。 Dēng bú liàng le.	屏幕碎了。 píngmù suì le.
수도꼭지에서 물이 새다	**문이 안 열리다**	**나사가 빠지다**
水龙头漏水了。 Shuǐlóngtóu lòushuǐ le.	门打不开了。 Mén dǎ bù kāi le.	螺丝掉了。 Luósī diào le.

3. ① 제가 즉시 사람을 보내겠습니다.

▶ _____

② 곧 비가 올 것 같으니 빨리 집에 갑시다.

▶ _____

③ 곧 가을이 온다.

▶ _____

④ 새 학기가 곧 시작합니다.

▶ _____

4. ① 프린터에 종이가 걸리다.

▶ _____

② 타이어가 펑크 나다.

▶ _____

③ 수도꼭지에서 물이 새다.

▶ _____

④ 변기가 막히다.

▶ _____

종합 연습

1 녹음을 듣고 대화 내용과 일치하는 것을 고르세요. 🎧 06-11

A    B    C

(1) (   )   (2) (   )

2 녹음을 듣고 질문에 알맞은 답을 고르세요. 🎧 06-12

(1) A 破坏了   B 不能打印了   C 电脑里有病毒

(2) A 打电话   B 送文件   C 签名字

3 주어진 단어를 사용하여 빈칸을 채우세요.

보기 修理   进   检查   坏   没问题

A가 수리를 하러 왔다.

A 您好，您这儿的空调_____了吗？

B 是的。

A 我来_____一下。

B 好的，请_____。

잠시 후

A 您好，已经_____好了。请您检查一下。

B 好的，_____了，谢谢。

4 주어진 단어를 알맞은 순서로 배열하여 문장을 완성하세요.

(1) 再　如果　给　打电话　有　问题　请　我们　，　。

    ▶ _____

(2) 名字　您　请　签　一下　您的　在这儿　。

    ▶ _____

(3) 来　修理　请　人　一下　派　。

    ▶ _____

5 괄호 안의 단어를 넣어 연습한 후, 자유롭게 교체하여 대화해 보세요.

(1) A 我们公司的_____坏了，请派人来修理一下。(空调)
    B 好的，我马上派人去。

(2) A 您的_____怎么了？(电脑)
    B 不能_____了。(打印)

6 제시된 표현을 사용하여 다음 주제와 상황에 맞게 말해 보세요.

주제 수리 요청하기 – 다음 상황을 설명하고 수리를 요청해 보세요.

상황

표현 问题　坏　修理　洒　键盘　屏幕　碎

Wǒ de gōngzuò

我的工作

| 나의 직업

당신의 업무는 주로
리 사장님의 일정을 잡는
거예요.

네, 알겠습니다.

학습 목표 ☐ 자신의 직업과 주요 업무에 대해 말할 수 있다.

학습 내용 ☐ 主要 ☐ 和 vs 跟 ☐ 为什么 vs 怎么 ☐ 因为 A 所以 B

준비하기

STEP 1 이번 과의 주제와 관련된 단어를 따라 읽어 보세요. 🎧 07-01

医生
yīshēng
의사

会计师
kuàijìshī
회계사

设计师
shèjìshī
디자이너

STEP 2 이번 과의 핵심 문장을 발음과 억양에 유의하여 따라 읽어 보세요. 🎧 07-02

1 您是做什么工作的？ ☑ ☐ ☐

Nín shì zuò shénme gōngzuò de?

2 你的工作主要是安排李经理的日程。 ☑ ☐ ☐

Nǐ de gōngzuò zhǔyào shì ānpái Lǐ jīnglǐ de rìchéng.

3 因为我们公司一直有很多中国的客户， ☑ ☐ ☐
所以朋友们建议我学习汉语。

Yīnwèi wǒmen gōngsī yìzhí yǒu hěn duō Zhōngguó de kèhù,
suǒyǐ péngyǒumen jiànyì wǒ xuéxí Hànyǔ.

😊 **직업 묻기**

따라 읽기 1 / 2 / 3 🎧 07-03

Nín shì zuò shénme gōngzuò de?

A 您是做什么工作的?

Wǒ zài yīyuàn gōngzuò, shì yí ge yīshēng.　　Nín ne?

B 我在医院工作，是一个医生。您呢?

Wǒ shì yí ge chūzūchē sījī.

A 我是一个出租车司机。

Quiz
B의 직업은
무엇인가요?

☐ 의사
☐ 택시기사

🎧 07-04

New Words • 做 zuò 동 하다, 활동하다, 일하다

😊 **업무 소개하기 (1)**

따라 읽기 1 / 2 / 3 🎧 07-05

Wáng mìshū, wǒ lái gēn nǐ shuōshuo nǐ de gōngzuò.

A 王秘书，我来跟你说说你的工作。

Hǎo de, wǒ yào zuò xiē shénme?

B 好的，我要做些什么?

Nǐ de gōngzuò zhǔyào shì ānpái Lǐ jīnglǐ de rìchéng.

A 你的工作主要是安排李经理的日程。

Hǎo de, wǒ zhīdào le.

B 好的，我知道了。

Quiz
왕 비서의 주요
업무는 무엇인가요?

☐ 서류 정리
☐ 스케줄 안배

🎧 07-06

New Words • 跟 gēn 개 ~에게 • 主要 zhǔyào 형 주요하다

😊 업무 소개하기 (2)

Gāo xiǎojiě,　jīntiān shì nǐ dì-yī tiān shàngbān,

A 高小姐，今天是你第一天上班，

wǒ lái gēn nǐ shuōshuo nǐ de gōngzuò.

我来跟你说说你的工作。

Hǎo de,　wǒ yào zuò xiē shénme?

B 好的，我要做些什么？

Nǐ de gōngzuò zhǔyào shì jiē diànhuà,　rúguǒ yào zhǎo de rén bú zài,

A 你的工作主要是接电话，如果要找的人不在，

nǐ yào jìlù liúyán.

你要记录留言。

Hǎo de,　wǒ zhīdào le.

B 好的，我知道了。

Yǒu wèntí ma?

A 有问题吗？

Méi wèntí,　wǒ xiān shìshi.

B 没问题，我先试试。

Rúguǒ yǒu wèntí,　gěi wǒ dǎ diànhuà.

A 如果有问题，给我打电话。

Hǎo de,　xièxie.

B 好的，谢谢。

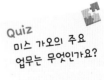

Quiz
미스 가오의 주요
업무는 무엇인가요?

☐ 스케줄 안배
☐ 전화 응대

🎧 07-08

New Words ·记录 jìlù 통 기록하다

회화 연습

STEP 1 알맞게 연결하여 대화를 연습해 보세요.

1 您是做什么工作的? •　　　　　　　• 没问题。

2 我要做些什么? •　　　　　　　• 我在医院工作，是一个医生。

3 有问题吗? •　　　　　　　• 你的工作主要是接电话。

STEP 2 제시된 단어로 바꾸어 연습해 보세요.　　　　　　　🎧 07-09

1 我在医院工作，是一个医生。

> 学校 / 老师　　　　出版社 / 编辑　　　　服装公司 / 设计师

🔊 **出版社** chūbǎnshè 명 출판사 | **编辑** biānjí 명 편집자

2 我来跟你说说你的工作。

> 您 / 我们公司　　　李经理 / 这个新产品　　　高小姐 / 怎么用复印机

3 你的工作主要是安排李经理的日程。

> 向客户介绍我们的产品　　听听客户的意见和建议　　记录会议的内容

🔊 **意见** yìjiàn 명 의견, 주장

4 你的<u>工作</u>主要是<u>接电话</u>。

> 他 / 客户 / 中国的公司
> 我们公司 / 产品 / 手机
> 李经理 / 日程 / 和我们开会

5 <u>如果有问题</u>，<u>给我打电话</u>。

> 时间 / 我想出去走走
> 不满意的地方 / 尽管跟我说
> 机会 / 我会去中国学习

((•)) **尽管** jǐnguǎn 里 얼마든지, 마음 놓고

STEP 3 제시된 상황 혹은 자신의 상황에 맞게 대답해 보세요.

1 她是做什么工作的?

▶ _____

2 在家你要做些什么家务?

▶ _____

😊 자신의 업무에 대해 말하기

Wǒ zài CTI gōngsī gōngzuò, wǒ shì yí ge mìshū. Wǒ de gōngzuò zhǔ
我在CTI公司工作，我是一个秘书。我的工作主

yào shì ānpái jīnglǐ de rìchéng, wǒ yě yào jiē diànhuà hé dǎ diànhuà, jìlù
要是安排经理的日程，我也要接电话和打电话，记录

liúyán, dǎyìn hé fùyìn wénjiàn. Wèishénme wǒ huì kāishǐ xuéxí Hànyǔ ne?
留言，打印和复印文件。为什么我会开始学习汉语呢?

Yīnwèi wǒmen gōngsī yìzhí yǒu hěn duō Zhōngguó de kèhù, suǒyǐ péngyǒumen
因为我们公司一直有很多中国的客户，所以朋友们

jiànyì wǒ xuéxí Hànyǔ. Yīnwèi wǒ huì Hànyǔ, yě huì yìdiǎnr Yīngyǔ,
建议我学习汉语。因为我会汉语，也会一点儿英语，

suǒyǐ míngnián wǒ huì qù Zhōngguó gōngzuò, wǒ juéde zhè shì yí ge xīn de kāishǐ.
所以明年我会去中国工作，我觉得这是一个新的开始。

💬 Speaking Training

1. 빈칸을 자유롭게 채워 말해 보세요.

　　　我在_____公司工作，我是一个_____。我的工
作主要是_____，我也要_____，_____，_____。为什
么我会开始学习_____呢? 因为我们公司一直有很多
_____的客户，所以朋友们建议我学习_____。因为我
会_____，也会一点儿_____，所以明年我会去_____工
作，我觉得这是一个新的开始。

🎧 07-11

New Words

• 为什么 wèishénme 때 왜[원인 또는 목적을 물음] • 开始 kāishǐ 동명 시작(하다) • 因为……
所以…… yīnwèi……suǒyǐ…… 젭 ~때문에 (그래서) ~하다 • 一直 yìzhí 부 계속해서 • 建议
jiànyì 동 건의하다, 제안하다 • 会 huì 동 할 수 있다, 할 줄 안다

단문 **연습**

STEP **1** 다음 문장과 본문 내용이 일치하면 V, 틀리면 X를 표시하고, 바르게 고쳐 말해 보세요.

1 她要接电话和打电话，记录留言。 ☐

▶ _____

2 她们公司一直有很多美国的客户。 ☐

▶ _____

3 朋友们建议她学习汉语。 ☐

▶ _____

STEP **2** 다음 질문에 답해 보세요.

1 她的工作主要是什么?

▶ _____

2 她为什么要学习汉语?

▶ _____

3 明年她会去哪儿工作?

▶ _____

정리하기

1 主要

'主要'는 형용사로 '주요(한)'이라는 의미와 부사로 동사 앞에서 '주로'라는 의미를 갖습니다.

会议的主要内容
huìyì de zhǔyào nèiróng

他的错误主要有两点。
Tā de cuòwù zhǔyào yǒu liǎng diǎn.

商务汉语主要学什么?
Shāngwù Hànyǔ zhǔyào xué shénme?

个人简历主要写什么?
Gèrén jiǎnlì zhǔyào xiě shénme?

2 和 vs 跟

和와 跟 둘 다 'A 和 B'와 'A 跟 B'에서 접속사로 사용되어 'A와 B'라는 의미로 쓰일 수도 있고, 개사로 쓰여 'A가 B에게/를'이라는 의미일 수도 있습니다. A와 B의 관계에 대한 뉘앙스가 다르므로 맥락을 잘 살펴보아야 합니다.

我和他是好朋友。
Wǒ hé tā shì hǎo péngyou.

我想和你谈恋爱。
Wǒ xiǎng hé nǐ tán liàn'ài.

我想跟你学。
Wǒ xiǎng gēn nǐ xué.

跟我走吧。
Gēn wǒ zǒu ba.

 Quiz 이번 과에서 배운 내용을 바탕으로 중국어로 바꾸어 써 보세요.

1. ① 회의의 주요 내용

▶ _____

② 그의 잘못은 주로 두 가지입니다.

▶ _____

③ 비즈니스 중국어는 주로 무엇을 배우나요?

▶ _____

④ 개인 이력은 주로 무엇을 쓰나요?

▶ _____

2. ① 저와 그는 좋은 친구입니다.

▶ _____

② 저는 당신과 연애하고 싶습니다.

▶ _____

③ 저는 당신에게 배우고 싶습니다.

▶ _____

④ 저와 가요.

▶ _____

3 为什么 vs 怎么

의문대사 '为什么'는 주어의 앞이나 뒤에 와서 원인을 묻고, '怎么'는 일반적으로 술어 앞에 와서 원인이나 방식에 대해서 묻습니다. '为什么'가 사물의 객관적인 부분에 대해 묻는다면 '怎么'는 의외의 부분에 대해 묻는 뉘앙스를 갖습니다.

你们为什么学汉语?
Nǐmen wèishéme xué Hànyǔ?

他为什么找你?
Tā wèishéme zhǎo nǐ?

你怎么了? 不舒服吗?
Nǐ zěnme le? Bù shūfu ma?

怎么没有呢?
Zěnme méiyǒu ne?

4 因为 A 所以 B

'因为 A 所以 B'는 'A 때문에 B 하다'라는 뜻으로 A는 원인을 B는 결과를 나타냅니다. '因为'와 '所以' 둘 중 하나는 생략될 수도 있습니다.

因为今天有病，所以我没上课。
Yīnwèi jīntiān yǒu bìng, suǒyǐ wǒ méi shàngkè.

因为没有干好那件事，所以他感到非常抱歉。
Yīnwèi méiyǒu gànhǎo nà jiàn shì, suǒyǐ tā gǎndào fēicháng bàoqiàn.

因为外面正在下大雨，所以我不能出去玩。
Yīnwèi wàimiàn zhèngzài xià dà yǔ, suǒyǐ wǒ bù néng chūqù wán.

因为一个小误会，他们俩就断交了。
Yīnwèi yí ge xiǎo wùhuì, tāmen liǎ jiù duànjiāo le.

误会 wùhuì 몡 오해 | 断交 duànjiāo 동 절교하다

---

3. ① 당신들은 왜 중국어를 배우나요?

▶ _____

② 그가 왜 당신을 찾나요?

▶ _____

③ 당신 왜 그러나요? 몸이 안 좋나요?

▶ _____

④ 어떻게 없을 수 있죠?

▶ _____

4. ① 오늘 병이 나서 저는 수업에 가지 않았습니다.

▶ _____

② 그 일을 다 하지 않아서 그는 굉장히 미안했습니다.

▶ _____

③ 밖에 비가 많이 내리고 있어서 저는 나가서 놀 수가 없습니다.

▶ _____

④ 작은 오해로 그들 둘은 절교했습니다.

▶ _____

종합 연습

1 녹음을 듣고 대화 내용과 일치하는 것을 고르세요.　　　　　　　🎧 07-12

A　　　B　　　　　　C

(1) (　　　　　)　　　　　　　(2) (　　　　　)

2 녹음을 듣고 질문에 알맞은 답을 고르세요.　　　　　　　　🎧 07-13

(1) A 接电话　　　　B 安排日程　　　C 见客户

(2) A 接电话　　　　B 安排日程　　　C 见客户

3 주어진 단어를 사용하여 빈칸을 채우세요.

> 보기　　主要　　　接　　　跟　　　没问题　　　记录

A가 B에게 업무에 대해 설명한다.

A 高小姐，今天是你第一天上班，我来_____你说说你的工作。

B 好的，我要做些什么？

A 你的工作_____是_____电话，如果要找的人不在，你要_____留言。

B 好的，我知道了。

A 有问题吗？

B _____，我先试试。

4 주어진 단어를 알맞은 순서로 배열하여 문장을 완성하세요.

(1) 中国的客户　　建议我　　我们公司　　一直有很多　　所以
　　朋友们　　因为　　学习汉语　　，　　。

▶ _____

(2) 说说　　来　　跟　　工作　　你的　　我　　你　　。

▶ _____

(3) 这　　觉得　　我　　一个　　开始　　是　　新的　　。

▶ _____

5 괄호 안의 단어를 넣어 연습한 후, 자유롭게 교체하여 대화해 보세요.

(1) A 您是做什么工作的?
　　B 我在_____工作，是一个_____。你呢? (医院/医生)
　　A 我是一个_____。(出租车司机)。

(2) A 我要做些什么?
　　B 你的工作主要是_____。(安排李经理的日程)

6 제시된 표현을 사용하여 다음 주제와 상황에 맞게 말해 보세요.

주제　직업 설명하기 – 자신의 직업이나 하고 싶은 일에 대해 말해 보세요.
표현　因为……所以……　　主要　　为什么

Zhè shì wǒmen de xīn chǎnpǐn.

这是我们的新产品。

| 이것이 저희 신제품입니다.

신제품 계획은 어떻게 진행되고 있나요?

계획에 따라 진행 중입니다.

학습 목표 ☐ 제품 소개와 상품 계획에 대해 말할 수 있다.

학습 내용 ☐ 개사 按照 ☐ 동사 提前 ☐ 상품 소개와 관련된 어휘

STEP 1 이번 과의 주제와 관련된 단어를 따라 읽어 보세요. 🎧 08-01

产品介绍
chǎnpǐn jièshào
상품 소개

价格
jiàgé
가격

颜色
yánsè
색

STEP 2 이번 과의 핵심 문장을 발음과 억양에 유의하여 따라 읽어 보세요. 🎧 08-02

1 我们正在按照计划进行。 ☑ ☐ ☐

Wǒmen zhèngzài ànzhào jìhuà jìnxíng.

2 可以提前完成吗? ☑ ☐ ☐

Kěyǐ tíqián wánchéng ma?

3 我们公司的新产品质量好，价格便宜。 ☑ ☐ ☐

Wǒmen gōngsī de xīn chǎnpǐn zhìliàng hǎo, jiàgé piányi.

회화

😊 진행 상황 파악하기

따라 읽기 1 / 2 / 3 🎧 08-03

Xīn chǎnpǐn jìnxíng de zěnmeyàng le?

A 新产品进行得怎么样了?

Wǒmen zhèngzài ànzhào jìhuà jìnxíng.

B 我们正在按照计划进行。

Wánchéng duōshao le?

A 完成多少了?

Wǒmen yǐjīng wánchéng yíbàn le.

B 我们已经完成一半了。

Quiz
신제품은 어느 정도
완성됐나요?

☐ 약 10%
☐ 약 50%

Fēicháng hǎo! Kěyǐ tíqián wánchéng ma?

A 非常好! 可以提前完成吗?

Wǒ juéde bú huì tíqián, wǒmen huì àn jìhuà wánchéng.

B 我觉得不会提前, 我们会按计划完成。

🎧 08-04

> **New Words**
> • 进行 jìnxíng 〔동〕 진행하다, (어떤 활동을) 하다 • 按照 ànzhào 〔개〕 ~에 비추어, ~에 따라
> • 完成 wánchéng 〔동〕 완성하다, 끝내다 • 提前 tíqián 〔동〕 앞당기다

😊 회의 날짜 정하기

따라 읽기 1 / 2 / 3 🎧 08-05

Lǐ mìshū, wǒ dǎsuàn xīngqīsì xiàwǔ kāi ge huì, qǐng nǐ ānpái yíxià.

A 李秘书, 我打算星期四下午开个会, 请你安排一下。

Zhège huìyì shì guānyú shénme de?

B 这个会议是关于什么的?

Zhège huìyì shì guānyú xīn chǎnpǐn de, fēicháng zhòngyào.

A 这个会议是关于新产品的, 非常重要。

Nín xiǎng yāoqǐng shéi cānjiā?

B 您想邀请谁参加?

Chǎnpǐn jīnglǐ, háiyǒu CTI gōngsī de Zhōu xiānsheng,

A 产品经理，还有CTI公司的周先生。

Wǒ xiǎng tīngting tā de yìjiàn hé jiànyì.

我想听听他的意见和建议。

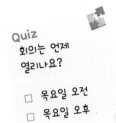
😊 의견 묻기

<small>따라 읽기 1 / 2 / 3</small> 🎧 08-06

Zhōu xiānsheng, zhè shì běn gōngsī de xīn chǎnpǐn. Nín juéde zěnmeyàng?

A 周先生，这是本公司的新产品。您觉得怎么样?

Wǒ kànle chǎnpǐn jièshào, zhèxiē chǎnpǐn zhìliàng hǎo, jiàgé piányi.

B 我看了产品介绍，这些产品质量好，价格便宜。

Nín yǒu shénme yìjiàn hé jiànyì ma?

A 您有什么意见和建议吗?

Zhǐyǒu lǜsè de hé huángsè de, yánsè yǒudiǎnr shǎo.

B 只有绿色的和黄色的，颜色有点儿少。

Nín juéde hái xūyào shénme yánsè?

A 您觉得还需要什么颜色?

Wǒ juéde hóngsè de hé lánsè de yě hěn piàoliang.

B 我觉得红色的和蓝色的也很漂亮。

🎧 08-07

 ● 质量 zhìliàng 명 질, 품질 ● 价格 jiàgé 명 가격 ● 绿色 lǜsè 명 녹색 ● 黄色 huángsè 명
노란색 ● 颜色 yánsè 명 색채, 색 ● 蓝色 lánsè 명 남색, 푸른색

STEP 1 알맞게 연결하여 대화를 연습해 보세요.

1 您有什么意见和建议吗? •

2 新产品进行得怎么样了? •

3 这个会议是关于什么的? •

• 我们正在按照计划进行。

• 这个会议是关于新产品的。

• 只有绿色的和黄色的, 颜色有点儿少。

STEP 2 제시된 단어로 바꾸어 연습해 보세요. 🎧 08-08

1 <u>我们</u>正在按照<u>计划</u>进行。

公司 / 通知 / 放假
李秘书 / 王先生的日程 / 订了房间
张先生 / 留言 / 回了电话

2 我们已经完成<u>一半</u>了。

30%   70%   90%

3 <u>我们</u>提前<u>完成</u>了。

李经理 / 下班   张小姐 / 出差   我们公司 / 放假

4 这个会议是关于<u>新产品</u>的，非常重要。

> 升职　　　营销　　　招聘新员工

> 🔔 **升职** shēngzhí 통 승진하다, 진급하다 | **营销** yíngxiāo 통 판매하다, 판촉하다 |
> **招聘** zhāopìn 통 모집하다, 초빙하다

5 我想听听<u>他</u>的<u>意见</u>和建议。

> 李经理 / 说明　　　王先生 / 想法　　　张小姐 / 解释

STEP 3 제시된 사진에 맞게 대답해 보세요.

1 你来介绍一下你们公司的新产品。

▶ _____

▶ _____

😊 **제품 소개하기**

Wáng xiānsheng, hěn gāoxìng néng xiàng nín jièshào wǒmen gōngsī de xīn chǎn
王先生，很高兴能向您介绍我们公司的新产

pǐn. Zhè shì wǒmen de chǎnpǐn jièshào, qǐng nín kàn yi kàn. Wǒmen gōngsī
品。这是我们的产品介绍，请您看一看。我们公司

de xīn chǎnpǐn zhìliàng hǎo, jiàgé piányi. Wǒ juéde nín yídìng huì xǐhuan
的新产品质量好，价格便宜。我觉得您一定会喜欢

zhèxiē xīn chǎnpǐn.
这些新产品。

 Speaking Training

1. 빈칸을 자유롭게 채워 말해 보세요.

　　王先生，很高兴能向您介绍我们公司的新产品。
这是我们的产品介绍，请您看一看。我们公司的新产
品＿＿＿＿＿，＿＿＿＿＿。我觉得您一定会喜欢这些新产品。

단문 **연습**

STEP 1 다음 문장과 본문 내용이 일치하면 V, 틀리면 X를 표시하고, 바르게 고쳐 말해 보세요.

1 她想向王先生介绍他们公司的新产品。 ☐

▶ _____

2 她觉得王先生一定会喜欢这些新产品。 ☐

▶ _____

3 新产品质量好，但价格比较贵。 ☐

▶ _____

STEP 2 다음 질문에 답해 보세요.

1 她想向王先生介绍什么?

▶ _____

2 新产品的质量怎么样?

▶ _____

3 新产品的价格怎么样?

▶ _____

1 개사 按照

개사 '按照'는 '~에 따라', '~에 근거하여'라는 의미로 그 목적어가 '기준'이 됩니다. 주로 계획, 규정, 요구 등의 목적어가 옵니다.

按照计划，他明天要到达这儿。
Ànzhào jìhuà, tā míngtiān yào dàodá zhèr.

请同学们按照要求回答下列问题。
Qǐng tóngxuémen ànzhào yāoqiú huídá xiàliè wèntí.

按照惯例他应受到重罚。
Ànzhào guànlì tā yīng shòudào zhòngfá.

按照学校的计划，将在五月一日举行运动会。
Ànzhào xuéxiào de jìhuà, jiāng zài wǔ yuè yī rì jǔxíng yùndònghuì.

'按' 뒤에는 단음절이 올 수 있지만, '按照'는 올 수 없습니다.

按时	按月	按期	按日
ànshí	ànyuè	ànqī	ànrì

'按' 뒤에는 '着'가 올 수 있지만, '按照' 뒤에는 올 수 없다.

按着顺序
ànzhe shùnxù

按着原来的计划
ànzhe yuánlái de jìhuà

下列 xiàliè 형 아래에 열거한, 다음에 나열한 | 惯例 guànlì 명 관례 | 重罚 zhòngfá 동 중하게 처벌하다 | 举行 jǔxíng 동 개최하다, 실시하다 | 运动会 yùndònghuì 명 운동회 | 顺序 shùnxù 명 순서

Quiz   이번 과에서 배운 내용을 바탕으로 중국어로 써 보세요.

1. ① 계획에 따라 그는 내일 여기에 도착합니다. ▶ _____

② 학우들 요구에 따라 아래 문제에 답해 주세요. ▶ _____

③ 관례에 따라 그는 무거운 벌을 받아야 합니다. ▶ _____

④ 학교 계획에 따라 5월 1일 운동회가 열립니다. ▶ _____

⑤ 규정된 시간에 따라 ▶ _____   ⑥ 달마다 ▶ _____   ⑦ 기일에 따라 ▶ _____   ⑧ 그 날에 따라 ▶ _____

⑨ 순서에 따라 ▶ _____   ⑩ 원래의 계획에 따라 ▶ _____

2 동사 提前

동사 '提前'은 '(예정된 시간이나 위치를) 앞당기다'라는 의미의 동사입니다. 보통 뒤에 술어가 다시 나와 연동문을 구성합니다.

可以提前一个小时开会吗?
Kěyǐ tíqián yí ge xiǎoshí kāihuì ma?

我们应该提前做好准备。
Wǒmen yīnggāi tíqián zuò hǎo zhǔnbèi.

3 상품 소개와 관련된 어휘

상품 소개 시 필요한 어휘와 문장을 알아봅시다.

브랜드	색상	재질	사이즈
品牌	颜色	材质	尺寸
pǐnpái	yánsè	cáizhì	chǐcùn
중량	특징	샘플	베스트셀러
重量	特点	样品	畅销产品
zhòngliàng	tèdiǎn	yàngpǐn	chàngxiāo chǎnpǐn
성능/기능	종류	규격	양식, 스타일
性能/功能	种类	规格	式样
xìngnéng/gōngnéng	zhǒnglèi	guīgé	shìyàng

我公司的产品在中国很受欢迎。
Wǒ gōngsī de chǎnpǐn zài Zhōngguó hěn shòu huānyíng.

向贵公司推荐新开发出来的工业产品。
Xiàng guì gōngsī tuījiàn xīn kāifā chūlai de gōngyè chǎnpǐn.

这部手机是本公司的畅销产品。
Zhè bù shǒujī shì běn gōngsī de chàngxiāo chǎnpǐn.

---

2. ① 1시간 앞당겨 회의할 수 있나요?　　　　　　　② 우리는 반드시 사전에 준비해야 합니다.

　▶ _____　　　　▶ _____

3. ① 사이즈 ▶ _____　② 샘플 ▶ _____　③ 특징 ▶ _____

④ 저희 회사의 상품은 중국에서 인기가 좋습니다. ▶ _____

⑤ 귀사에 새로 개발한 공산품을 추천합니다. ▶ _____

⑥ 이 휴대전화는 저희 회사의 베스트셀러입니다. ▶ _____

종합 연습

1 녹음을 듣고 대화 내용과 일치하는 것을 고르세요. 🎧 08-10

A

B

C

(1) (　　　　　) (2) (　　　　　)

2 녹음을 듣고 질문에 알맞은 답을 고르세요. 🎧 08-11

(1) A 已经完成了　　B 完成一半了　　C 不能完成了

(2) A 投资　　　　　B 出差　　　　　C 新产品

3 주어진 단어를 사용하여 빈칸을 채우세요.

> 보기　　颜色　　　只有　　　产品介绍　　　意见　　　怎么样

A가 B에게 신제품에 대한 의견을 구한다.

A 周先生，这是本公司的新产品。您觉得_____？
B 我看了_____，这些产品质量好，价格便宜。
A 您有什么_____和建议吗？
B _____绿色的和黄色的，_____有点儿少。
A 您觉得还需要什么颜色？
B 我觉得红色的和蓝色的也很漂亮。

4 주어진 단어를 알맞은 순서로 배열하여 문장을 완성하세요.

(1) 进行　　我们　　按照　　计划　　正在　　。

   ▸ _____

(2) 您　　觉得　　喜欢　　一定　　会　　这些新产品　　我　　。

   ▸ _____

(3) 向　　很高兴　　介绍　　能　　我们公司的新产品　　您　　。

   ▸ _____

5 괄호 안의 단어를 넣어 연습한 후, 자유롭게 교체하여 대화해 보세요.

(1) A 可以提前完成吗？

   B 我觉得_____。(不会提前)

(2) A 这个会议是关于什么的？

   B 这个会议是关于_____的，非常重要。(新产品)

(3) A 您想邀请谁参加？

   B _____，还有_____。(产品经理/CTI公司的周先生)

6 제시된 표현을 사용하여 다음 주제와 상황에 맞게 말해 보세요.

주제　제품 설명하기

상황　자신의 책상 위에 있는 물건 중 하나를 골라 구체적으로 설명해 보세요.

표현　颜色　　质量　　价格

Néng bāng wǒ yíxià ma?

能帮我一下吗?

| 저 좀 도와주실래요?

리 사장님이 저에게 회의를
준비하라고 하시는데,
어떻게 해야 하죠?

회의 일정을 잡으시고
참가할 사람에게
통지하세요.

학습 목표 □ 도움을 요청하는 표현을 할 수 있다.

학습 내용 □ 도움을 요청하는 표현 □ 동사 交 □ 什么的 □ ……就可以了

STEP 1
이번 과의 주제와 관련된 표현을 따라 읽어 보세요. 🎧 09-01

签上名字
qiānshang míngzì
서명하다

填表格
tián biǎogé
서식에 기입하다

写会议记录
xiě huìyì jìlù
회의록을 작성하다

STEP 2
이번 과의 핵심 문장을 발음과 억양에 유의하여 따라 읽어 보세요. 🎧 09-02

1 能帮我一下吗? ☑ ☐ ☐
Néng bāng wǒ yíxià ma?

2 中国人喜欢带点儿茶、水果什么的。 ☑ ☐ ☐
Zhōngguórén xǐhuan dài diǎnr chá、shuǐguǒ shénme de.

3 这里签上名字就可以了。 ☑ ☐ ☐
Zhèlǐ qiānshang míngzi jiù kěyǐ le.

😊 **도움 요청하기 (1)**

따라 읽기 1 / 2 / 3 🎧 09-03

Wáng Huān, néng bāng wǒ yíxià ma?

A 王欢，能帮我一下吗？

Wǒ jiāole ge Zhōngguó péngyou, tā qǐng wǒ qù tā jiā,

我交了个中国朋友，他请我去他家，

nǐ juéde wǒ dài shénme lǐwù héshì?

你觉得我带什么礼物合适？

Zhōngguórén xǐhuan dài diǎnr chá、shuǐguǒ shénme de.

B 中国人喜欢带点儿茶、水果什么的。

Quiz
중국 친구에게
선물하기 적합한
것은 무엇인가요?

☐ 차와 과일
☐ 무엇이든 다 좋다

🎧 09-04

New Words ● 交 jiāo ⑧ 사귀다, 교제하다 ● 礼物 lǐwù ⑲ 선물

😊 **도움 요청하기 (2)**

따라 읽기 1 / 2 / 3 🎧 09-05

Gāo xiānsheng, néng bāng wǒ yíxià ma? Zhège biǎogé zěnme tián?

A 高先生，能帮我一下吗？这个表格怎么填？

Wǒ lái kàn yíxià, nǐ zài zhèlǐ xiě yào mǎi de dōngxi,

B 我来看一下，你在这里写要买的东西，

zhèlǐ xiě mǎi duōshao, zhèlǐ qiānshang míngzi jiù kěyǐ le.

这里写买多少，这里签上名字就可以了。

Xièxie, zhège biǎogé yīnggāi jiāogěi shéi?

A 谢谢，这个表格应该交给谁？

Jiāogěi Zhāng mìshū jiù kěyǐ le.

B 交给张秘书就可以了。

Quiz
A는 무엇을 배우고
있나요?

☐ 서식 작성
☐ 은행 업무

🎧 09-06

New Words ● 表格 biǎogé ⑲ 표, 서식 ● 填 tián ⑧ 기입하다, 채우다 ● 交 jiāo ⑧ 건네다, 제출하다

😊 도움 요청하기 (3)

Zhāng mìshū, néng bāng wǒ yíxià ma?

A 张秘书，能帮我一下吗？

Lǐ jīnglǐ ràng wǒ ānpái yí ge huìyì, wǒ yào zěnme zuò?

李经理让我安排一个会议，我要怎么做？

Nǐ yào zuòhǎo huìyì rìchéng, tōngzhī yào cānjiā de rén.

B 你要做好会议日程，通知要参加的人。

Zài kāihuì qián, xūyào de wénjiàn dōu yào dǎyìn hé fùyìn hǎo.

在开会前，需要的文件都要打印和复印好。

Zài kāihuì de shíhou nǐ yào zuò huìyì jìlù.

在开会的时候你要做会议记录。

Dànshì wǒ méi xiěguo huìyì jìlù.

A 但是我没写过会议记录。

Méi guānxi, wǒ kěyǐ gěi nǐ yí fèn wǒ xiě de huìyì jìlù,

B 没关系，我可以给你一份我写的会议记录，

nǐ kànkan jiù zhīdào le.

你看看就知道了。

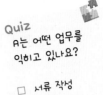

Quiz
A는 어떤 업무를
익히고 있나요?

☐ 서류 작성
☐ 회의 준비

회화 연습

STEP 1 알맞게 연결하여 대화를 연습해 보세요.

1 这个表格怎么填?　　　　　•

2 你觉得我带什么礼物合适?　•

3 这个表格应该交给谁?　　　•

　　　　　•　交给张秘书就可以了。

　　　　　•　你在这里写要买的东西。

　　　　　•　中国人喜欢带点儿茶、水果什么的。

STEP 2 제시된 단어로 바꾸어 연습해 보세요.　　🎧 09-08

1 能帮我一下吗?

叫辆出租车	取行李箱	打印文件

2 中国人喜欢带点儿茶、水果什么的。

名酒 / 保养食品	装饰品 / 工艺品	饮料 / 小吃

🔊 **保养食品** bǎoyǎng shípǐn 명 보양식품 | **装饰品** zhuāngshìpǐn 명 장식품

3 这个表格怎么填?

菜 / 吃	字 / 念	软件 / 用

🔊 **念** niàn 동 (소리내어) 읽다 | **软件** ruǎnjiàn 명 소프트웨어, 프로그램

4 <u>这里签上名字</u>就可以了。

| 煮三分钟 | 交给老师 | 通过笔试 |

((•)) **笔试** bǐshì 명 필기시험

5 你<u>看看</u>就知道了。

| 尝尝 | 听听 | 试试 |

1 A 能帮我一下吗?

B ▶ _____

★ 사진 속 인물의 상황을 토대로 도움을 요청하고 대답해 보세요.

2 你喜欢什么水果?

▶ _____

★ 什么的를 사용해서 말해 보세요.

😊 **분실물 신고하기**

Nín hǎo, shì kuàichē chūzūchē gōngsī ma? Wǒ zǎoshang jiàole yí

您好，是快车出租车公司吗？我早上叫了一

liàng nǐmen gōngsī de chūzūchē qù jīchǎng jiē wǒ. Wǒ de xínglǐxiāng wàng

辆你们公司的出租车去机场接我。我的行李箱忘

zài chūzūchē shang le, lǐmiàn yǒu hěn zhòngyào de dōngxi. Néng qǐng nǐmen

在出租车上了，里面有很重要的东西。能请你们

gěi wǒ sòngdào bīnguǎn ma? Wǒ jiào Zhōu Jīng, zhùzài Chūntiān Bīnguǎn yāo èr yāo bā

给我送到宾馆吗？我叫周京，住在春天宾馆1218

fángjiān, wǒ de shǒujī shì yāo bā wǔ yāo wǔ líng wǔ wǔ jiǔ wǔ líng.

房间，我的手机是18515055950。

💬 Speaking Training

1. 빈칸을 자유롭게 채워 말해 보세요.

您好，是快车出租车公司吗？我早上叫了一辆你
们公司的出租车去机场接我。我的_____忘在出租车
上了，里面有很重要的东西。能请你们给我送到宾馆
吗？我叫_____，住在_____宾馆_____房间，我的手
机是_____。

단문 **연습**

STEP 1 다음 문장과 본문 내용이 일치하면 V, 틀리면 X를 표시하고, 바르게 고쳐 말해 보세요.

1 他早上叫了一辆出租车。 ☐

▶ _____

2 他把钱包忘在出租车上了。 ☐

▶ _____

((🔔)) 把 bǎ 개 ~을/를

3 行李箱里面没什么东西。 ☐

▶ _____

STEP 2 다음 질문에 답해 보세요.

1 他需要什么帮助?

▶ _____

2 他把东西忘在哪儿了?

▶ _____

3 他住在哪儿? 手机号码是多少?

▶ _____

정리하기

1 도움을 요청하는 표현

'돕다'라는 의미의 동사 '帮'을 사용하여 도움을 요청하는 표현을 알아봅시다.

你能帮我个忙吗?
Nǐ néng bāng wǒ ge máng ma?

帮个忙, 好吗?
Bāng ge máng, hǎo ma?

能帮我们照张相吗?
Néng bāng wǒmen zhào zhāng xiàng ma?

谁能帮我解释一下吗?
Shéi néng bāng wǒ jiěshì yíxià ma?

2 동사 交

동사 '交'는 '사귀다' 이 외에 '건네다', '제출하다'라는 의미도 있습니다. 주로 개사 '把'를 사용하여 '把 + A + 交给 + B'로 표현합니다.

在国内怎么交国外朋友?
Zài guónèi zěnme jiāo guówài péngyou?

交个女朋友怎么这么难啊?
Jiāo ge nǚpéngyou zěnme zhème nán a?

不要把文件交给他。
Bú yào bǎ wénjiàn jiāogěi tā.

我把两份合同书都交给经理了。
Wǒ bǎ liǎng fèn hétongshū dōu jiāogěi jīnglǐ le.

🔔 合同书 hétongshū 몡 계약서

Quiz 이번 과에서 배운 내용을 바탕으로 중국어로 바꾸어 써 보세요.

1. ① 저를 도와주실 수 있을까요?

   ▶ _____

   ② 도와주실 수 있을까요?

   ▶ _____

   ③ 저희 사진 좀 찍어 주실 수 있을까요?

   ▶ _____

   ④ 누가 내게 설명 좀 해 주실래요?

   ▶ _____

2. ① 국내에서 어떻게 외국 친구를 사귀죠?

   ▶ _____

   ② 여자 친구를 사귀는 게 왜 이렇게 힘들까요?

   ▶ _____

   ③ 서류를 그에게 건네지 마세요.

   ▶ _____

   ④ 제가 계약서 두 통을 사장님에게 건넸습니다.

   ▶ _____

3 什么的

'什么的'는 명사 뒤에 와서 '~등등'과 같은 의미로 사용됩니다.

我要买苹果啊，香蕉啊什么的。
Wǒ yào mǎi píngguǒ a, xiāngjiāo a shénme de.

她喜欢看中国电影什么的。
Tā xǐhuan kàn Zhōngguó diànyǐng shénme de.

英语啊，日语什么的，我都不会。
Yīngyǔ a, Rìyǔ shénme de, wǒ dōu bú huì.

除了学生证以外，还需要护照、现金什么的。
Chúle xuéshengzhèng yǐwài, hái xūyào hùzhào、xiànjīn shénme de.

🔔 **香蕉** xiāngjiāo 몡 바나나 | **现金** xiànjīn 몡 현금

4 ……就可以了

'就可以了'는 '就行了'나 '就好了'처럼 문장 끝에 놓여 '~하면 된다', '~하기만 하면 그만이다'라는 뜻으로 사용됩니다.

这样就可以了。
Zhèyàng jiù kěyǐ le.

给她足够的爱就可以了。
Gěi tā zúgòu de ài jiù kěyǐ le.

那就行了。
Nà jiù xíng le.

差不多就行了。
Chàbuduō jiù xíng le.

🔔 **足够** zúgòu 혱 족하다, 충분하다

---

3. ① 저는 사과, 바나나 등을 사려고 합니다.

▶ _____

② 그녀는 중국영화 등을 보는 걸 좋아합니다.

▶ _____

③ 영어나 일본어 같은 건 저는 다 못 합니다.

▶ _____

④ 학생증 이외에 여권, 현금 등이 필요합니다.

▶ _____

4. ① 이렇게 하면 됩니다.

▶ _____

② 그녀에게 충분한 사랑을 주면 됩니다.

▶ _____

③ 그럼 됩니다.

▶ _____

④ 웬만하면 된다.

▶ _____

종합 연습

1 녹음을 듣고 대화 내용과 일치하는 것을 고르세요. 🎧 09-10

A  B  C

(1) (   )   (2) (   )

2 녹음을 듣고 질문에 알맞은 답을 고르세요. 🎧 09-11

(1) A 银行   B 邮局   C 宾馆
(2) A 李经理   B 王先生   C 张秘书

3 주어진 단어를 사용하여 빈칸을 채우세요.

> 보기   让   通知   帮   安排   需要

A가 B에게 회의 준비에 대해 묻는다.

A 张秘书，能_____我一下吗?
    李经理_____我_____一个会议，我要怎么做?
B 你要做好会议日程，_____要参加的人。
    在开会前，_____的文件都要打印和复印好。
    在开会的时候你要做会议记录。

4 주어진 단어를 알맞은 순서로 배열하여 문장을 완성하세요.

(1) 你　我　什么　带　觉得　合适　礼物　？

　　▶ _____

(2) 我早上　去　叫　接我　了　你们公司的出租车
　　一辆　机场　。

　　▶ _____

(3) 行李箱　我的　上　了　忘在　出租车　。

　　▶ _____

5 괄호 안의 단어를 넣어 연습한 후, 자유롭게 교체하여 대화해 보세요.

(1) A 你觉得我带什么礼物合适？

　　B _____喜欢带点儿_____、_____什么的。
　　(中国人/茶/水果)

(2) 李经理让我_____。(安排一个会议)

(3) A 这个_____应该交给谁？(表格)

　　B 交给_____就可以了。(张秘书)

6 제시된 표현을 사용하여 다음 주제와 상황에 맞게 말해 보세요.

　　주제 의견 말하기

　　상황 당신은 친구 집에 초대를 받았습니다. 방문 시 어떤 선물을 가져가면 좋을지
　　　　이야기해 보세요.

　　표현 合适　礼物　喜欢　什么的

Zài Zhōngguó chūchāi

在中国出差

| 중국 출장

실례합니다, 언제 탑승 시작하나요?

죄송합니다. 항공편이 지연되었습니다.

학습 목표 □ 비행기 탑승 시 필요한 표현을 할 수 있다.

학습 내용 □ 항공사 중국어 명칭 □ 공항 안내 방송 □ 화폐 단위

STEP 1 이번 과의 주제와 관련된 단어를 따라 읽어 보세요. 🎧 10-01

起飞
qǐfēi
이륙하다

着陆
zhuólù
착륙하다

到达
dàodá
도착하다

STEP 2 이번 과의 핵심 문장을 발음과 억양에 유의하여 따라 읽어 보세요. 🎧 10-02

1 请问什么时候开始登机? ☑ ☐ ☐
Qǐngwèn shénme shíhou kāishǐ dēngjī?

2 很抱歉，航班晚点了。 ☑ ☐ ☐
Hěn bàoqiàn, hángbān wǎndiǎn le.

3 我的男朋友坐在33A，可以和您换一下吗? ☑ ☐ ☐
Wǒ de nánpéngyou zuòzài sānshísān A, kěyǐ hé nín huàn yíxià ma?

😊 **탑승 시간 묻기**

따라 읽기 1 / 2 / 3 🎧 10-03

Nín hǎo,　qǐngwèn shénme shíhou kāishǐ dēngjī?

A 您好，请问什么时候开始登机?

Hěn bàoqiàn,　hángbān wǎndiǎn le.

B 很抱歉，航班晚点了。

Huì wǎn duō jiǔ?

A 会晚多久?

Yí ge xiǎoshí.

B 一个小时。

Quiz
항공편은 얼마나
지연되었나요?

☐ 1시간
☐ 2시간

🎧 10-04

New Words ● 航班 hángbān 명 항공편

😊 **자리 변경 요청하기**

따라 읽기 1 / 2 / 3 🎧 10-05

Xiānsheng, néng qǐng nín bāng ge máng ma?

A 先生，能请您帮个忙吗?

Wǒ de nánpéngyou zuòzài sānshísān A, kěyǐ　hé nín huàn yíxià ma?

我的男朋友坐在33A，可以和您换一下吗?

Kěyǐ,　méi wèntí.

B 可以，没问题。

Xièxie nín.

A 谢谢您。

Bié kèqi.

B 别客气。

Quiz
A는 어느 좌석으로
이동하게 될까요?

☐ 33A
☐ 33B

🎧 10-06

New Words ● 换 huàn 동 교환하다, 바꾸다

😊 이룩 안내하기

Xiānsheng, wǒmen de fēijī jiù yào qǐfēi le, qǐng nín zuòhǎo.

A 先生，我们的飞机就要起飞了，请您坐好。

Hěn bàoqiàn, qǐngwèn shénme shíhou dào Běijīng?

B 很抱歉，请问什么时候到北京？

Xiàwǔ sān diǎn dàodá Běijīng.

A 下午3点到达北京。

Xièxie, qǐngwèn jīchǎng li kěyǐ huàn rénmínbì ma?

B 谢谢，请问机场里可以换人民币吗？

Kěyǐ.

A 可以。

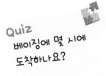

Quiz
베이징에 몇 시에
도착하나요?

☐ 오후 2시
☐ 오후 3시

🎧 10-08

● **起飞** qǐfēi 图 이륙하다, 날아오르다 ● **到达** dàodá 图 도착하다, 도달하다

● **换** huàn 图 환전하다 ● **人民币** rénmínbì 몡 인민폐

회화 연습

STEP 1 알맞게 연결하여 대화를 연습해 보세요.

1 很抱歉，航班晚点了。 ・ ・ 下午三点到达北京。

2 请问什么时候到北京? ・ ・ 会晚多久?

3 可以和您换一下吗? ・ ・ 可以，没问题。

STEP 2 제시된 단어로 바꾸어 연습해 보세요. 🎧 10-09

1 请问什么时候<u>开始登机</u>?

| 能发货 | 可以入住 | 能更新 |

🔔 **发货** fāhuò 동 발송하다, 출하하다 | **入住** rùzhù 동 입주하다 | **更新** gēngxīn 동 새롭게 바뀌다, 업데이트하다

2 很抱歉，航班<u>晚点</u>了。

| 取消 | 延误 | 延迟 |

🔔 **取消** qǔxiāo 동 취소하다 | **延迟** yánwù 동 시기를 놓치다 | **延误** yánchí 동 연기하다

3 <u>飞机</u>就要<u>起飞</u>了。

| 春天 / 来 | 火车 / 开 | 我们公司 / 放假 |

4 请您<u>坐好</u>。

> 记住　　　帮个忙　　　介绍一下你自己

5 <u>下午三点</u>到达北京。

> 上午九点 / 上海　　　晚上十点 / 首尔　　　明天 / 东京

6 请问机场里可以换<u>人民币</u>吗?

> 美金　　　韩币　　　欧元

美金 měijīn 명 달러 | 韩币 hánbì 명 한화 | 欧元 ōuyuán 명 유로

STEP 3 제시된 자료 혹은 자신의 상황에 맞게 대답해 보세요.

1 请问什么时候到北京?

편명	도착 예정	출구	상태
DY888	12:00	E	到达

▶ _____

2 你喜欢坐飞机的哪个座位?

▶ _____

★ 통로 쪽은 **靠通道** kào tōngdào, 창가 쪽은 **靠窗户** kào chuānghu 라고 표현합니다.

단문

😊 **출장 일정에 대해 말하기**

Qián mìshū, wǒ shì Lǐ Dōng. Yīnwèi wǒ zuò de hángbān wǎndiǎn, bù
钱秘书，我是李冬。因为我坐的航班晚点，不

zhīdào shénme shíhou qǐfēi, suǒyǐ wǒ huànle yí ge hángbān, xiān zuò
知道什么时候起飞，所以我换了一个航班，先坐

fēijī, ránhòu huàn huǒchē. Wǒ huì zài yī yuè shí'èr hào wǎnshang jiǔ diǎn dàodá
飞机，然后换火车。我会在1月12号晚上9点到达

Běijīng. Qǐng nín dào Běijīng huǒchēzhàn lái jiē wǒ, xièxie.
北京。请您到北京火车站来接我，谢谢。

💬 Speaking Training

1. 빈칸을 자유롭게 채워 말해 보세요.

　　钱秘书，我是_____。因为我坐的航班_____，
不知道什么时候_____，所以我换了一个_____，
先坐飞机，然后换火车。我会在____月____号____点
到达北京。请您到北京_____来接我，谢谢。

단문 **연습**

STEP 1 다음 문장과 본문 내용이 일치하면 V, 틀리면 X를 표시하고, 바르게 고쳐 말해 보세요.

1 李冬的航班晚点，明天起飞。 ☐

▸ _____

2 李冬计划先坐火车，然后换飞机。 ☐

▸ _____

3 李冬会在1月12号晚上9点到达北京。 ☐

▸ _____

STEP 2 다음 질문에 답해 보세요.

1 1月12号晚上，李冬会在哪儿?

▸ _____

2 李冬为什么换了一个航班?

▸ _____

3 在北京火车站接李冬的是谁?

▸ _____

정리하기

1 항공사 중국어 명칭

한국과 중국의 주요 항공사 명칭을 알아봅시다.

한국	중국
대한항공(KE) **大韩航空** Dàhán Hángkōng	중국국제항공(CA) **中国国际航空** Zhōngguó Guójì Hángkōng
아시아나항공(OZ) **韩亚航空** Hányà Hángkōng	중국동방항공(MU) **中国东方航空** Zhōngguó Dōngfāng Hángkōng
제주항공(7C) **济州航空** Jìzhōu Hángkōng	중국남방항공(CZ) **中国南方航空** Zhōngguó Nánfāng Hángkōng
진에어(LJ) **真航空** Zhēn Hángkōng	하이난항공(HU) **海南航空** Hǎinán Hángkōng

2 공항 안내 방송

항공편 상황에 따른 중국어 안내방송을 알아봅시다.

출발시각	편명	터미널	목적지	체크인 카운터	탑승구	상태
计划离港 jìhuà lí gǎng	航班号 hángbānhào	候机楼 hòujīlóu	目的地 mùdìdì	值机柜台 zhíjī guìtái	登机口 dēngjīkǒu	状态 zhuàngtài
12:00	JL567	T2	北京	J25–J26	11	

前往北京的旅客请注意：您乘坐的JL567次航班现在开始办理乘机手续，
Qiánwǎng Běijīng de lǚkè qǐng zhùyì: Nín chéngzuò de JL567 cì hángbān xiànzài kāishǐ bànlǐ chéngjī shǒuxù,

请您到J25-J26号柜台办理。谢谢！
qǐng nín dào J25-J26 hào guìtái bànlǐ. Xièxiè!

베이징으로 가시는 승객 여러분께 알립니다. 지금 JL5674편 항공편 체크인 수속을 시작합니다. J25~J26 카운터에서 체크인 수속을 해 주십시오. 감사합니다!

출발시각	편명	터미널	목적지	체크인 카운터	탑승구	상태
计划离港	航班号	候机楼	目的地	值机柜台	登机口	状态
jìhuà lí gǎng	hángbānhào	hòujīlóu	mùdìdì	zhíjī guìtái	dēngjīkǒu	zhuàngtài
09:15	CA925	T3	北京	F01–F06	C58	立即登机

由上海前往北京的旅客请注意：您乘坐的CA925次航班现在开始登机。
Yóu shànghǎi qiánwǎng běijīng de lǚkè qǐng zhùyì: Nín chéngzuò de CA925 cì hángbān xiànzài kāishǐ dēngjī.

请带好您的随身物品，出示登机牌，由C58号登机口准备登机。祝您旅途愉快。谢谢！
Qǐng dàihǎo nín de suíshēn wùpǐn, chūshì dēngjīpái, yóu C58 hào dēngjīkǒu zhǔnbèi dēngjī. Zhù nín lǚtú yúkuài. Xièxie!

상하이에서 베이징으로 가시는 승객 여러분께 알립니다. CA925편은 지금 탑승을 시작합니다. 휴대품을 잘 챙기시고 탑승권을 제시해 주세요. C58번 탑승구에서 탑승을 준비해 주시기 바랍니다. 즐거운 여행이 되시길 바랍니다. 감사합니다!

도착시각	편명	터미널	출발지	도착 출구	수하물 수취대	상태
计划到港	航班号	候机楼	出发地	到达出口	行李提取	状态
jìhuà dào gǎng	hángbānhào	hòujīlóu	chūfādì	dàodá chūkǒu	xíngli tíqǔ	zhuàngtài
09:00	AC938	T3	北京	国内	46	已出发

迎接旅客的各位请注意：由北京飞来本站的AC938次航班将于10点30分到达。
Yíngjiē lǚkè de gèwèi qǐng zhùyì: Yóu Běijīng fēi lái běn zhàn de AC938 cì hángbān jiāng yú shí diǎn sānshí fēn dàodá.

谢谢！
Xièxie!

승객을 마중 나오신 분들께 알립니다. 베이징에서 오는 AC938 항공편은 10시 30분에 도착합니다. 감사합니다!

3 화폐 단위

세계 각국의 화폐 단위를 중국어로 알아봅시다.

한국 원(KRW)	韩币 hánbì	일본 엔(JPY)	日元 rìyuán
중국 위안(CNY)	人民币 rénmínbì	유럽 유로(EUR)	欧元 ōuyuán
미국 달러(USD)	美元 měiyuán	영국 파운드(GBP)	英镑 yīngbàng

1 녹음을 대화 내용과 일치하는 것을 고르세요. 🎧 10-11

A  B C

(1) (   )   (2) (   )

2 녹음을 듣고 질문에 알맞은 답을 고르세요. 🎧 10-12

(1) A 半个小时   B 一个小时   C 不知道

(2) A 下午四点   B 上午九点   C 下午三点

3 주어진 단어를 사용하여 빈칸을 채우세요.

> 보기   抱歉   坐好   到达   就要   换

A가 B에게 이륙 안내를 합니다.

A 先生，我们的飞机_____起飞了，请您_____。

B 很_____，请问什么时候到北京？

A 下午三点_____北京。

B 谢谢，请问机场里可以_____人民币吗？

A 可以。

4 주어진 단어를 알맞은 순서로 배열하여 문장을 완성하세요.

(1) 就要　　我们的　　起飞　　飞机　　了　　。

▶ _____

(2) 换　　人民币　　请问　　可以　　吗　　机场里　　?

▶ _____

(3) 航班　我坐的　晚点　起飞　不知道　什么时候　因为　,　。

▶ _____

5 괄호 안의 단어를 넣어 연습한 후, 자유롭게 교체하여 대화해 보세요.

(1) A 很抱歉，航班晚点了。

　　 B 会晚多久?

　　 A _____。（一个小时）

(2) A 请问什么时候到_____? （北京）

　　 B _____到达北京。（下午三点）

6 제시된 표현을 사용하여 다음 주제와 상황에 맞게 말해 보세요.

주제 항공편 검색하기

상황 당신은 베이징으로 출장을 가야 합니다. 인터넷에서 가장 저렴한 항공권을
검색한 후 가격과 출도착 시간을 말해 보세요.

Xìnghuì!

幸会!

| 만나 뵙게 되어 기쁩니다!

안녕하세요. 사장님께 말씀 많이 들었습니다. 만나서 반갑습니다.

안녕하세요. 저는 마케팅팀에서 온 왕칭입니다.

학습 목표   □ 자신이 근무하는 부서·업무에 대해 말할 수 있다.

학습 내용   □ ……的话 □ 조사 地 □ 부사 将 □ 개사 由

STEP 1 이번 과와 관련된 단어를 따라 읽어 보세요. 🎧 11-01

市场部
shìchǎngbù
마케팅팀

销售部
xiāoshòubù
영업팀

人事部
rénshìbù
인사팀

STEP 2 이번 과의 핵심 문장을 발음과 억양에 유의하여 따라 읽어 보세요. 🎧 11-02

1 你明天方便吗?

Nǐ míngtiān fāngbiàn ma?

2 这是我的名片，有空多联系。

Zhè shì wǒ de míngpiàn, yǒu kòng duō liánxì.

3 你好，经常听我们经理提起你。

Nǐ hǎo, jīngcháng tīng wǒmen jīnglǐ tíqǐ nǐ.

회화

😊 **시간과 장소 정하기** 〔따라 읽기〕 1 / 2 / 3   🎧 11-03

Nǐ míngtiān fāngbiàn ma? Wǒmen jiàn ge miàn zěnmeyàng?

A 你明天方便吗？我们见个面怎么样？

Míngtiān xīngqīliù,　fāngbiàn,

B 明天星期六，方便，

wǒmen xiàwǔ liǎng diǎn zài hǎoyǒu cāntīng jiànmiàn, zěnmeyàng?

我们下午2点在好友餐厅见面，怎么样？

Hǎo.

A 好。

🎧 11-04

New Words ● 方便 fāngbiàn 〔형〕 편리하다

😊 **새 동료와 인사하기 (1)** 〔따라 읽기〕 1 / 2 / 3   🎧 11-05

Nǐ shì Wáng Qíng ya, xìnghuì,

A 你是王晴呀，幸会，

jīngcháng tīng nǐmen gōngsī de Lǐ Míng shuōqǐ nǐ, wǒ shì Zhāng Jìn.

经常听你们公司的李明说起你，我是张进。

Hěn gāoxìng rènshi nǐ,　tīng Lǐ Míng shuō,　nǐ yě shì zuò xiāoshòu de?

B 很高兴认识你，听李明说，你也是做销售的？

Shì de.　Nǐ zuò xiāoshòu gōngzuò jǐ nián le?

A 是的。你做销售工作几年了？

Wǒ gōngzuò qī nián le,　nǐ ne?

B 我工作7年了，你呢？

Quiz 장진은 마케팅 일을 한 지 얼마나 되었나요?

☐ 7년
☐ 약10년

Bǐ nǐ cháng yìdiǎnr,　　kuài shí nián le.　Zhè shì wǒ de míngpiàn.

A 比你长一点儿，快10年了。这是我的名片。

Zhè shì wǒ de míngpiàn, yǒu kòng duō liánxì.

B 这是我的名片，有空多联系。

🎧 11-06

New Words
● **幸会** xìnghuì 图 만나 뵙게 되어 기쁩니다　● **经常** jīngcháng 图 늘, 항상　● **销售** xiāoshòu
图 판매하다, 영업하다　● **联系** liánxì 图 연락하다

😊 새 동료와 인사하기 (2)

 🎧 11-07

Zǎoshang hǎo, Lǐ xiānsheng. Wǒ shì cóng shìchǎngbù lái de Wáng Qíng.

A 早上好，李先生。我是从市场部来的王晴。

Nǐ hǎo,　jīngcháng tīng wǒmen jīnglǐ tíqǐ nǐ.　Xìnghuì!

B 你好，经常听我们经理提起你。幸会!

Xìnghuì,　wǒ xiǎng wǒmen yào zài yìqǐ gōngzuò le.

A 幸会，我想我们要在一起工作了。

Shì de,　wǒ hái bù liǎojiě zhè biān de qíngkuàng,

B 是的，我还不了解这边的情况，

fāngbiàn dehuà,　kěyǐ jièshào yíxià ma?

方便的话，可以介绍一下吗?

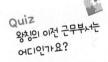

Quiz
왕칭의 이전 근무부서는
어디인가요?

☐ 회계팀
☐ 마케팅팀

Xíng,　qǐng zuò.

A 行，请坐。

🎧 11-08

New Words
● **从** cóng 게 ~부터　● **市场** shìchǎng 圐 시장[상품의 유통 영역], 마켓　● **提起** tíqǐ 图 언급
하다　● **还** hái 图 여전히, 아직도, 아직　● **了解** liǎojiě 图 이해하다　● **情况** qíngkuàng 圐 상황

회화 연습

STEP 1 알맞게 연결하여 대화를 연습해 보세요.

1 你明天方便吗?　　　　　•　　　•　我工作七年了。

2 你做销售工作几年了?　•　　　•　明天星期六，方便。

3 这是我的名片。　　　　　•　　　•　这是我的名片，
　　　　　　　　　　　　　　　　　　有空多联系。

STEP 2 제시된 단어로 바꾸어 연습해 보세요.　　　　　🎧 11-09

1 **你**也是做**销售**的?

| 他 / 管理　　　她 / 设计　　　小王 / 手机 |

🔔 **设计** shèjì 명 통 설계(하다), 디자인(하다)

2 **我的工作时间**比**你长**一点儿。

| 他 / 我 / 高
这个航班 / 那个航班 / 早
这个手机 / 那个手机 / 便宜 |

3 我是从**市场**部来的**王晴**。

| 销售 / 张进　　　人事 / 李北　　　设计 / 张欢 |

4 你好，经常听<u>我们经理</u>提起你。幸会！

> 张小姐　　　　陈先生　　　　同事们

5 我还<u>不了解这边的情况</u>。

> 想去那儿　　　知道别的餐厅　　　不清楚公司的情况

6 方便的话，<u>可以介绍一下吗</u>?

> 能给我们唱一首歌吗　　　请给我发个短信　　　帮我拿一下东西

STEP 3 자신의 상황에 맞게 대답해 보세요.

1 你做这个工作几年了? / 你学习汉语几年了?

▶ _____

단문

😊 **부임 인사하기**

따라 읽기 1 / 2 / 3　🎧 11-10

Dàjiā hǎo,　xìnghuì!　Wǒ xiǎng jiǎndān de jièshào yíxià zìjǐ.　　Wǒ
大家好，幸会！我想简单地介绍一下自己。我

zài shìchǎngbù zuò jīnglǐ, cóng èr líng líng líng nián kāishǐ guǎnlǐ shìchǎngbù, yìzhí
在市场部做经理，从2000年开始管理市场部，一直

dào jīnnián,　gōngzuòle shíwǔ nián.　Cóng jīntiān kāishǐ,　jiāng yóu wǒ lái
到今年，工作了15年。从今天开始，将由我来

fùzé rénshìbù,　wǒ jiāng hé dàjiā yìqǐ gōngzuò,　zhè duì wǒ lái shuō
负责人事部，我将和大家一起工作，这对我来说

shì yí ge xīn de kāishǐ.　　Wǒ duì rénshìbù de gōngzuò hái bú shì hěn liǎojiě,
是一个新的开始。我对人事部的工作还不是很了解，

yě bú tài dǒng rénshìbù de guǎnlǐ,　xīwàng gèwèi néng gěi wǒ　gèng duō de
也不太懂人事部的管理，希望各位能给我更多的

bāngzhù,　xièxie dàjiā!
帮助，谢谢大家！

💬 Speaking Training

1. 빈칸을 자유롭게 채워 말해 보세요.

我在＿＿＿＿部做＿＿＿＿，从＿＿＿＿年开始管理
＿＿＿＿部，一直到今年，工作了＿＿＿＿年。

🎧 11-11

New Words　• **大家** dàjiā 대 모두　• **简单** jiǎndān 형 간단하다, 단순하다　• **地** de 조 [관형어로 쓰이는 단어나 구 뒤에 쓰여, 그 단어나 구가 동사 또는 형용사와 같은 중심어를 수식하고 있음을 나타냄]　• **管理** guǎnlǐ 명 동 관리(하다), 관찰(하다)　• **将** jiāng 부 ~하게 될 것이다, ~일 것이다　• **由** yóu 개 ~이(가), ~에서, ~로부터 [동작의 주체를 이끌어 냄]　• **负责** fùzé 동 책임지다　• **懂** dǒng 동 알다, 이해하다　• **希望** xīwàng 동 희망하다

단문 **연습**

STEP 1 다음 문장과 본문 내용이 일치하면 V, 틀리면 X를 표시하고, 바르게 고쳐 말해 보세요.

1 他从2000年开始管理销售部，一直到今年，工作了15年。 ☐

▸ _____

2 从今天开始，将由他来负责人事部。 ☐

▸ _____

3 他对人事部的工作很了解。 ☐

▸ _____

STEP 2 다음 질문에 답해 보세요.

1 他从什么时候开始管理市场部?

▸ _____

2 他在市场部工作了几年?

▸ _____

3 从今天开始，他将负责哪个部门?

▸ _____

11 幸会! **135**

정리하기

1 ……的话

'……的话'는 '~하다면', '~이면'이라는 뜻으로 '만약'이라는 뜻의 접속사 '如果'나 '假如'의 뒤에 쓰여 가정을 나타냅니다. 앞의 접속사는 생략할 수 있습니다.

你不忙的话，我想见你。
Nǐ bù máng dehuà, wǒ xiǎng jiàn nǐ.

你有空的话，我们一起去吧。
Nǐ yǒu kòng dehuà, wǒmen yìqǐ qù ba.

如果方便的话，明天我拜访您。
Rúguǒ fāngbiàn dehuà, míngtiān wǒ bàifǎng nín.

失败的话，我会难过。
Shībài dehuà, wǒ huì nánguò.

🔊 **拜访** bàifǎng 통 (예를 갖추어) 방문하다 | **失败** shībài 통 실패하다 | **难过** nánguò 형 괴롭다, 슬프다

2 조사 地

조사 '地'는 동사 앞에서 동작의 양상을 나타내는 부사어의 표지로 사용됩니다.

我决定简单地生活。
Wǒ juédìng jiǎndān de shēnghuó.

如何舒适地用电脑?
Rúhé shūshì de yòng diànnǎo?

如何快乐地工作和生活?
Rúhé kuàilè de gōngzuò hé shēnghuó?

我慢慢地了解他了。
Wǒ mànman de liǎojiě tā le.

🔊 **决定** juédìng 통 결정하다, 결심하다 | **快乐** kuàilè 형 즐겁다, 유쾌하다 | **舒适** shūshì 형 편하다, 기분이 좋다

🔊 Quiz
이번 과에서 배운 내용을 바탕으로 중국어로 바꾸어 써 보세요.

1. ① 당신이 바쁘지 않다면 만나고 싶습니다.
   ▶ _____

   ② 만약 괜찮으시면 내일 제가 찾아뵙겠습니다.
   ▶ _____

   ③ 시간이 있으시면 우리 같이 갑시다.
   ▶ _____

   ④ 실패한다면 저는 괴로울 것입니다.
   ▶ _____

2. ① 저는 단순하게 살기로 결정했습니다.
   ▶ _____

   ② 어떻게 해야 즐겁게 일하고 생활할 수 있나요?
   ▶ _____

   ③ 어떻게 해야 컴퓨터를 편히 사용할 수 있나요?
   ▶ _____

   ④ 저는 천천히 그를 이해하게 됐습니다.
   ▶ _____

3 부사 将

'将'이 부사로 사용되면 '장차', '곧'이라는 의미를 갖습니다.

这是我们公司将要出售的新产品。
Zhè shì wǒmen gōngsī jiāngyào chūshòu de xīn chǎnpǐn.

未来20年这些职业将要消失。
Wèilái èrshí nián zhèxiē zhíyè jiāngyào xiāoshī.

据说，2045年超级人类将会诞生。
Jùshuō, èr líng sì wǔ nián chāojí rénlèi jiāng huì dànshēng.

出售 chūshòu 통 팔다 | **职业** zhíyè 명 직업 | **消失** xiāoshī 통 사라지다, 없어지다 | **据说** jùshuō 통 들은바에 의하다 | **超级** chāojí 형 초, 최상급의, 슈퍼(super) | **人类** rénlèi 명 인류 | **诞生** dànshēng 통 탄생하다

4 개사 由

개사 '由'는 '~로'라는 뜻으로 근거나 구성요소를 나타내고 '由'의 목적어는 구성원을 나타냅니다.

英国由四个部分组成。
Yīngguó yóu sì ge bùfen zǔchéng.

世界是由什么组成?
Shìjiè shì yóu shénme zǔchéng?

对外语的学习可以由学生自由选择。
Duì wàiyǔ de xuéxí kěyǐ yóu xuésheng zìyóu xuǎnzé.

由员工设计的知识产权归公司还是个人所有?
Yóu yuángōng shèjì de zhīshi chǎnquán guī gōngsī háishi gèrén suǒyǒu?

组成 zǔchéng 통 구성하다, 조직하다, 결성하다 | **自由** zìyóu 형 자유롭다 | **知识产权** zhīshi chǎnquán 지식재산권 | **所有** suǒyǒu 명 소유

---

3. ① 이것은 우리 회사가 앞으로 판매할 신제품입니다. ▶ _____

② 미래 20년 동안 이 직업들은 사라질 것입니다. ▶ _____

③ 들리는 바에 의하면 2045년에 슈퍼인류가 탄생한다고 합니다. ▶ _____

4. ① 영국은 네 부분으로 구성되어 있습니다.

▶ _____

② 세계는 무엇으로 구성되어 있나요?

▶ _____

③ 외국어 공부는 학생이 자유롭게 선택할 수 있습니다.

▶ _____

④ 직원이 디자인한 지식재산권은 회사에 속하나요 개인 소유인가요?

▶ _____

종합 연습

1 녹음을 듣고 대화 내용과 일치하는 것을 고르세요. 🎧 11-12

A  B  C

(1) (   )   (2) (   )

2 녹음을 듣고 질문에 알맞은 답을 고르세요. 🎧 11-13

(1) A 销售   B 营销   C 人事

(2) A 财务部   B 人事部   C 市场部

3 주어진 단어를 사용하여 빈칸을 채우세요.

> 보기   长   几年   幸会   空   说起

장진과 왕칭이 서로 소개한다.

A 你是王晴呀，_____，经常听你们公司的李明_____你，我是张进。

B 很高兴认识你，听李明说，你也是做销售的?

A 是的，你做销售工作_____了?

B 我工作七年了，你呢?

A 比你_____一点儿，快十年了。这是我的名片。

B 这是我的名片，有_____多联系。

4 주어진 단어를 알맞은 순서로 배열하여 문장을 완성하세요.

(1) 自己　我　想　一下　介绍　简单地　。

▶ _____

(2) 来说　这　开始　对我　是　一个　新的　。

▶ _____

(3) 很了解　我　对　还不是　人事部的　工作　。

▶ _____

5 괄호 안의 단어를 넣어 연습한 후, 자유롭게 교체하여 대화해 보세요.

(1) A 你工作_____方便吗? 我们见个面怎么样?（明天）

B _____, 方便, 我们_____见面, 怎么样?
（明天星期六/下午两点在好友餐厅）

(2) A 我工作_____了, 你呢?（七年）

B 比你长一点儿, 快_____了。（十年）

6 제시된 표현을 사용하여 다음 주제와 상황에 맞게 말해 보세요.

주제 회사 소개하기

상황 당신은 신입사원에게 회사를 소개하는 임무를 맡았습니다. 회사의 각 부서 및 임원을 소개해 주세요.

```
                    周天
                   总经理
        ┌────────────┼────────────┐
     李小刚          王迎          张远才
  客户服务部经理    人事部经理    销售部经理
```

客户服务部 kèhù fúwùbù 고객서비스팀

Wèile jiànkāng

为了健康

| 건강을 위해

이런 습관은 몸에 좋지 않아요. 담배를 줄이시는 게 좋아요.

그럴게요. 건강을 위해 내일부터 피지 않겠습니다!

학습 목표 ☐ 건강 상태나 습관에 대해 말할 수 있다.

학습 내용 ☐ 禁止 ☐ 对……来说 ☐ 除了 A 还 B ☐ 认为 vs 以为

STEP 1 이번 과와 관련된 단어를 따라 읽어 보세요. 🎧 12-01

吸烟
xīyān
담배를 피우다

健康
jiànkāng
건강(하다)

发烧
fāshāo
열이 나다

STEP 2 이번 과의 핵심 문장을 발음과 억양에 유의하여 따라 읽어 보세요. 🎧 12-02

1 这里禁止吸烟。 ☑ ☐ ☐
Zhèlǐ jìnzhǐ xīyān.

2 这份工作对我来说非常重要。 ☑ ☐ ☐
Zhè fèn gōngzuò duì wǒ lái shuō fēicháng zhòngyào.

3 最好的方法是和中国人聊聊天儿。
Zuì hǎo de fāngfǎ shì hé Zhōngguórén liáoliáotiānr. ☑ ☐ ☐

😊 금연 안내

따라 읽기 1 / 2 / 3 🎧 12-03

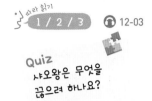

Xiǎo Wáng, zhèlǐ jìnzhǐ xīyān.

A 小王，这里禁止吸烟。

Bù hǎoyìsi, wǒ méiyǒu kàndào.

B 不好意思，我没有看到。

Zhège xíguàn duì shēntǐ bù hǎo, nǐ háishi shǎo xī diǎnr ba.

A 这个习惯对身体不好，你还是少吸点儿吧。

Duì, tīng nǐ de, wèile jiànkāng, wǒ míngtiān jiù bù xī le!

B 对，听你的，为了健康，我明天就不吸了！

🎧 12-04

> **New Words**
>
> • 禁止 jìnzhǐ 통 금지하다 • 吸烟 xīyān 통 담배를 피우다 • 习惯 xíguàn 명 습관
> • 对 duì 개 ~에 • 为了 wèile 개 ~를 위하여 • 健康 jiànkāng 명 건강

😊 건강 챙기기

따라 읽기 1 / 2 / 3 🎧 12-05

Xiǎo Wén, yǐjīng shí diǎn le, nǐ zěnme hái zài gōngzuò?

A 小文，已经10点了，你怎么还在工作？

Zuìjìn gōngsī huódòng tài duō le, zài gōngsī zuò bu wán.

B 最近公司活动太多了，在公司做不完。

Dànshì nǐ qián liǎng tiān fāshāo le, gāng hǎole yìdiǎnr, yīshēng ràng nǐ duō xiūxi.

A 但是你前两天发烧了，刚好了一点儿，医生让你多休息。

Dànshì zhè fèn gōngzuò duì wǒ lái shuō fēicháng zhòngyào.

B 但是这份工作对我来说非常重要。

Duì niánqīngrén lái shuō, shēntǐ hé gōngzuò dōu hěn zhòngyào.

A 对年轻人来说，身体和工作都很重要。

Tīng yīshēng de huà, shēntǐ cái néng hǎo de kuài.

听医生的话，身体才能好得快。

🎧 12-06

New Words • 活动 huódòng 몡 행사 • 年轻人 niánqīngrén 몡 젊은이 • 才 cái 믠 ~에야 비로소

😊 중국어 공부 잘하는 법

따라 읽기
1 / 2 / 3 🎧 12-07

Xiǎo Zhāng, zuìjìn hái zài xué Hànyǔ ma?

A 小张，最近还在学汉语吗？

Shì a. Dànshì duì wǒ lái shuō, Hànyǔ tài nán le,

B 是啊。但是对我来说，汉语太难了，

wǒ yǒudiǎnr bù xiǎng xué le.

我有点儿不想学了。

Quiz
샤오장에게 추천한
중국어 공부 방식은?

☐ 중국인과 대화하기
☐ 중국어 원서 낭독하기

Jiù wǒ lái shuō, xué Hànyǔ hěn róngyì, zuì guānjiàn de shì yào xuǎnzé

A 就我来说，学汉语很容易，最关键的是要选择

yí ge hǎo fāngfǎ. Zài wǒ kànlái, zuì hǎo de fāngfǎ shì hé Zhōngguórén

一个好方法。在我看来，最好的方法是和中国人

liáoliáotiānr. Yǒu shíhou wǒ shuō de qíguài, tāmen yě bú huì xiào wǒ.

聊聊天儿。有时候我说得奇怪，他们也不会笑我。

Chúle hé Zhōngguórén liáotiān, nǐ hái yǒu bié de hǎo fāngfǎ ma?

B 除了和中国人聊天，你还有别的好方法吗？

Wǒ juéde kàn bàozhǐ dú xīnwén yě kěyǐ.

A 我觉得看报纸读新闻也可以。

🎧 12-08

New Words • 难 nán 혱 어렵다 • 容易 róngyì 혱 쉽다 • 关键 guānjiàn 혱 매우 중요한 • 选择 xuǎnzé 됭 선택하다 • 方法 fāngfǎ 몡 방법 • 聊天儿 liáotiānr 됭 잡담을 하다 • 奇怪 qíguài 혱 이상하다 • 笑 xiào 됭 웃다 • 除了 chúle 젭 ~을 제외하고 • 读 dú 됭 읽다 • 新闻 xīnwén 몡 뉴스

회화 연습

STEP 1 알맞게 연결하여 대화를 연습해 보세요.

1 这里禁止吸烟。   •

   • 不好意思，我没有看到。

2 除了和中国人聊天，
你还有别的办法吗?   •

   • 最近公司活动太多了，
在公司做不完。

3 你怎么还在工作?   •

   • 我觉得看报纸读新闻也
可以。

STEP 2 제시된 단어로 바꾸어 연습해 보세요.   🎧 12-09

1 这里禁止<u>吸烟</u>。

靠近   攀登   触摸

🔔 **靠近** kàojìn 동 가까이 다가가다, 접근하다 | **攀登** pāndēng 동 기어오르다, 등반하다 | **触摸** chùmō 동 만지다

2 不好意思，我没有<u>看</u>到。

听   做   想

3 <u>为了健康</u>，<u>我明天就不吸了</u>。

减肥 / 妈妈 / 每天早上去跑步
产品销售 / 小高 / 做了很多工作
交到更多朋友 / 钱先生 / 经常和中国人聊天儿

4 对<u>我</u>来说，<u>汉语太难了</u>。

> 他 / 今天的工作 / 太多了
> 小文 / 这个月 / 太忙了
> 年轻人 / 锻炼身体 / 非常重要

🔔 锻炼 duànliàn 동 단련하다

5 就<u>我</u>来说，<u>学汉语很容易</u>。

> 我很喜欢运动　　身体和工作都很重要　　广告设计是一份不错的工作

6 除了<u>和中国人聊天</u>，还有<u>别的好方法</u>。

> 我 / 有小王　　　上班 / 要锻炼　　　买了饮料 / 买了水果

 STEP 3 제시된 표시에 대해 말해 보세요.

1 ▶ _____

2 ▶ _____

😊 **마케팅의 핵심 포인트**　　　따라 읽기 **1 / 2 / 3**　🎧 12-10

Wǒmen gōngsī hé Lǐ jīnglǐ gōngsī de zhǔyào chǎnpǐn dōu shì zhào
我们公司和李经理公司的主要产品都是照

xiàngjī.　Jīnnián, tāmen gōngsī de chǎnpǐn mài de bǐ wǒmen gōngsī hǎo. Lǐ
相机。今年，他们公司的产品卖得比我们公司好。李

jīnglǐ xiàng wǒmen jièshàole yìxiē jīngyàn:　Dì yī,　chǎnpǐn de zhìliàng hé
经理向我们介绍了一些经验：第一，产品的质量和

jiàgé fēicháng zhòngyào, chǎnpǐn zhìliàng hǎo,　jiàgé piányi,　kèhù cái
价格非常重要，产品质量好，价格便宜，客户才

huì xǐhuan.　Dì èr,　yí ge hǎo de chǎnpǐn jièshào shì zuòhǎo xiāoshòu de
会喜欢。第二，一个好的产品介绍是做好销售的

guānjiàn. Dì sān,　kèhù fúwù yídìng yào zuòhǎo.　Wǒ rènwéi,　zhè xiē
关键。第三，客户服务一定要做好。我认为，这些

jiànyì duì wǒmen de bāngzhù hěn dà.
建议对我们的帮助很大。

 **Speaking Training**

1. 빈칸을 자유롭게 채워 말해 보세요.
　　李经理向我们介绍了一些_____：第一，产品的
_____和_____非常重要，产品_____好，_____便
宜，客户才会喜欢。第二，一个好的产品介绍是做好
销售的关键。第三，客户服务一定要做好。

🎧 12-11

 卖 mài 동 팔다　**经验** jīngyàn 명 경험　**关键** guānjiàn 명 관건, 열쇠, 키포인트
认为 rènwéi 동 여기다

단문 **연습**

STEP 1 다음 문장과 본문 내용이 일치하면 V, 틀리면 X를 표시하고, 바르게 고쳐 말해 보세요.

1 他们公司和李经理的公司的主要产品都是电脑。 ☐

  ▶ _____

2 今年，李经理公司的产品卖得比他们公司好。 ☐

  ▶ _____

3 他认为，李经理的建议对他们的帮助不那么大。 ☐

  ▶ _____

STEP 2 다음 질문에 답해 보세요.

1 他们公司和李经理的公司的主要产品都是什么?

  ▶ _____

2 对产品的质量和价格，客户的要求是什么?

  ▶ _____

3 谁向他们介绍了一些经验?

  ▶ _____

정리하기

1 禁止

'禁止'는 '금지' 또는 '금지하다'라는 의미로 사용됩니다. 주변에서 자주 볼 수 있는 금지 표현을 알아봅시다.

화기엄금	금연	올라가지 마세요	통행금지
禁止烟火	禁止吸烟	禁止攀登	禁止通行
jìnzhǐ yānhuǒ	jìnzhǐ xīyān	jìnzhǐ pāndēng	jìnzhǐ tōngxíng
마시지 마세요	주차금지	만지지 마세요	뛰어넘지 마세요
禁止饮用	禁止停车	禁止触摸	禁止翻越
jìnzhǐ yǐnyòng	jìnzhǐ tíngchē	jìnzhǐ chùmō	jìnzhǐ fānyuè

2 对……来说

'对……来说'는 '어떤 사람이나 어떤 일의 각도에서 봤을 때'라는 의미를 갖습니다.

英语对我来说很简单。
Yīngyǔ duì wǒ lái shuō hěn jiǎndān.

这对我来说是个挑战。
Zhè duì wǒ lái shuō shì ge tiǎozhàn.

足球对他来说是一个很有意思的爱好。
Zúqiú duì tā lái shuō shì yí ge hěn yǒuyìsi de àihào.

对企业来说效益很重要。
Duì qǐyè lái shuō xiàoyì hěn zhòngyào.

挑战 tiǎozhàn 명동 도전(하다) | **效益** xiàoyì 명 효과와 이익

Quiz
이번 과에서 배운 내용을 바탕으로 중국어로 바꾸어 써 보세요.

1. ① 화기엄금 ▶ _____   ② 통행금지 ▶ _____

   ③ 음용금지 ▶ _____   ④ 주차금지 ▶ _____

2. ① 영어는 저에게 있어 매우 간단합니다. ▶ _____   ② 이것은 저에게 도전입니다. ▶ _____

   ③ 축구는 그에게 있어서 정말 재밌는 취미입니다. ▶ _____   ④ 기업에게 효율과 이익은 정말 중요합니다. ▶ _____

3 除了 A 还 B

'除了 A 还 B'는 'A 이외에도 또한 B하다'라는 뜻으로 A에 B가 보충됨을 나타냅니다. '还' 대신 '也'를 쓰기도 합니다.

除了英语，他还会汉语。
Chúle Yīngyǔ, tā hái Huì Hànyǔ.

这件事除了我，李经理也知道。
Zhè jiàn shì chúle wǒ, Lǐ jīnglǐ yě zhīdào.

你除了画画，还有什么特长?
Nǐ chúle huà huà, hái yǒu shén me tècháng?

除了房子，还可以投资什么?
Chúle fángzi, hái kěyǐ tóuzī shénme?

🔔 **特长** tècháng 명 특기, 장점

4 认为 vs 以为

'认为'와 '以为'는 모두 '~라고 여기다'의 의미지만 대부분 바꿔 사용할 수 없습니다. '认 为'가 나타내는 판단은 일반적으로 분석이나 이해를 통한 것이지만, '以为'는 판단이 주관 적이고 실제와 부합하지 않음을 나타내기 때문입니다.

我们认为抓教育是一件大事。
Wǒmen rènwéi zhuā jiàoyù shì yí jiàn dàshì.

我认为他另有打算。
Wǒ rènwéi tā lìng yǒu dǎsuàn.

我以为再也见不到你了。
Wǒ yǐwéi zài yě jiàn bu dào nǐ le.

我以为他会来,然而他一直没有来。
Wǒ yǐwéi tā huì lái, rán'ér tā yìzhí méiyǒu lái.

🔔 **另** lìng 부 따로, 달리, 별도로

3. ① 영어 말고 그는 중국어도 할 줄 압니다. ▶ _____ ② 이 일은 저 말고 리 사장도 알고 있습니다. ▶ _____

　③ 당신은 그림 그리는 것 말고 다른 특기가 있나요? ▶ _____ ④ 부동산 외에 투자할 만한 것이 있나요? ▶ _____

4. ① 우리는 교육을 잡는 것이 중요한 일이라 생각합니다. ▶ _____

　② 저는 그가 다른 계획이 있는 줄 알았습니다. ▶ _____

　③ 저는 당신을 다시는 보지 못 할 줄 알았습니다. ▶ _____

　④ 저는 그가 올 거라 생각했지만 그는 계속 오지 않았습니다. ▶ _____

종합 연습

1 녹음을 듣고 대화 내용과 일치하는 것을 고르세요. 12-12

A  B  C

(1) (   )   (2) (   )

2 녹음을 듣고 질문에 알맞은 답을 고르세요. 🎧 12-13

(1) A 太容易了   B 还可以   C 太难了

(2) A 头疼   B 发烧   C 咳嗽

3 주어진 단어를 사용하여 빈칸을 채우세요.

보기   报纸   选择   容易   奇怪   试

A가 B에게 중국어 공부의 비결을 가르쳐 주고 있다.

A 就我来说，学汉语很_____，最关键的是要_____一个好方法。
　在我看来，最好的方法是和中国人聊聊天儿。有时候我说得
　_____，他们也不会笑我。
B 除了和中国人聊天，你还有别的好方法吗?
A 我觉得看_____读新闻也可以。

4 주어진 단어를 알맞은 순서로 배열하여 문장을 완성하세요.

(1) 质量　产品的　和　重要　价格　非常　。

▶ _____

(2) 比　我们公司　他们公司的　好　产品　卖得　。

▶ _____

(3) 对　这些　帮助　很大　建议　我们的　。

▶ _____

5 괄호 안의 단어를 넣어 연습한 후, 자유롭게 교체하여 대화해 보세요.

(1) A 这里禁止_____。(吸烟)
　　B 不好意思，我没有看到。

(2) A 这个习惯对身体不好，你还是少_____点儿吧。(吸)
　　B 对，听你的，为了健康，我明天就不_____了！(吸)

6 제시된 표현을 사용하여 다음 주제와 상황에 맞게 말해 보세요.

주제　조언하기

상황　동료의 건강이나 생활 습관을 살펴보고 도움이 될 조언을 해 보세요.

표현　习惯　运动　健康　关键

Jiérì jùhuì

节日聚会

| 명절 행사

그건 정확히 말하기는 어렵지만 대략 180명 정도입니다.

전부 몇 명이 참가하죠?

학습 목표 □ 각종 행사 준비와 관련된 표현을 할 수 있다.

학습 내용 □ 收 vs 受 □ 或者 vs 还是 □ 说不准 □ 부사 大概

STEP 1 이번 과와 관련된 단어를 따라 읽어 보세요. 🎧 13-01

春节
Chūnjié
설(춘절)

端午节
Duānwǔjié
단오절

中秋节
Zhōngqiūjié
추석(중추절)

STEP 2 이번 과의 핵심 문장을 발음과 억양에 유의하여 따라 읽어 보세요. 🎧 13-02

1 今天聚会来了好多人啊！　☑ ☐ ☐
Jīntiān jùhuì láile hǎo duō rén a!

2 这是我们需要的东西，请您看一下。　☑ ☐ ☐
Zhè shì wǒmen xūyào de dōngxi, qǐng nín kàn yíxià.

3 一共有多少人参加?
Yígòng yǒu duōshao rén cānjiā?　☑ ☐ ☐

😊 행사 참석하기

A 你收到小文的电子邮件了吗？
Nǐ shōudào Xiǎo Wén de diànzǐ yóujiàn le ma?

B 收到了，邮件说大家可以带吃的或者喝的去，
Shōudào le, yóujiàn shuō dàjiā kěyǐ dài chī de huòzhě hē de qù,
你要带什么？
nǐ yào dài shénme?

A 我想带饮料，你呢？
Wǒ xiǎng dài yǐnliào, nǐ ne?

B 饮料太重了，你没有车，我带吧。
Yǐnliào tài zhòng le, nǐ méiyǒu chē, wǒ dài ba.

A 也行，那我带点儿吃的吧，这个轻。
Yě xíng, nà wǒ dài diǎnr chī de ba, zhège qīng.

파티 당일 날

B 小文，今天聚会来了好多人啊！
Xiǎo Wén, jīntiān jùhuì láile hǎo duō rén a!

C 是啊，我也没想到，吃饱了吗？
Shì a, wǒ yě méi xiǎngdào, chībǎo le ma?

B 饱了，今天的菜真好吃。
Bǎo le, jīntiān de cài zhēn hǎo chī.

C 那就好，虽然今天很累，但是我认识了不少同事。
Nà jiù hǎo, suīrán jīntiān hěn lèi, dànshì wǒ rènshile bù shǎo tóngshì.

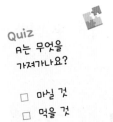

Quiz
A는 무엇을 가져가나요?

☐ 마실 것
☐ 먹을 것

Zhè jiù gòu le!

B 这就够了！

🎧 13-04

• **收** shōu 통 받다 • **电子邮件** diànzǐ yóujiàn 명 이메일 • **或者** huòzhě 접 혹은 • **饮料**
yǐnliào 명 음료 • **重** zhòng 형 무겁다 • **轻** qīng 형 가볍다 • **聚会** jùhuì 명 모임, 파티
• **饱** bǎo 형 배부르다 • **够** gòu 형 충분하다

😊 행사 준비하기

🎧 13-05

Gāo jīnglǐ,　　wǒmen gōngsī de huódòng shì xià ge yuè sānshí hào.

A 高经理，我们公司的活动是下个月30号。

Zhè shì wǒmen xūyào de dōngxi,　qǐng nín kàn yíxià.

这是我们需要的东西，请您看一下。

Shuǐguǒ liǎngbǎi fèn, yǐnliào shíwǔ xiāng……

B 水果200份，饮料15箱……

Yígòng yǒu duōshao rén cānjiā?

一共有多少人参加？

Quiz
예상되는 행사 참가
인원은 몇 명인가요?

☐ 약 80명
☐ 약 180명

Zhè wǒ kě shuō bu zhǔn, dàgài yìbǎi bāshí rén.

A 这我可说不准，大概180人。

Wǒ juéde yǐnliào kěnéng bú gòu.　Èrshíwǔ xiāng bǐjiào hǎo, zhǔn gòu le.

B 我觉得饮料可能不够。25箱比较好，准够了。

Xíng,　wǒmen zài kànkan bié de ba.

A 行，我们再看看别的吧。

🎧 13-06

• **一共** yígòng 부 모두 • **准** zhǔn 형 정확하다 • **大概** dàgài 부 대략 • **比较** bǐjiào 부 비교적

회화 연습

STEP 1 알맞게 연결하여 대화를 연습해 보세요.

1 你要带什么?   •   • 我想带饮料。

2 今天聚会来了好多人啊!   •   • 是啊，我也没想到。

3 一共有多少人参加?   •   • 这我可说不准，
大概180人。

STEP 2 제시된 단어로 바꾸어 연습해 보세요.   🎧 13-07

1 邮件说大家可以带吃的或者喝的去。

> 李经理 / 明天去 / 后天去
> 公司 / 周六 / 周日休息
> 会上 / 1号 / 15号去银行

2 一共有多少人参加?

> 多少钱   要买多少件   放多少天的假

3 <u>下个月</u><u>大概有</u><u>180人</u><u>参加活动</u>。

> 下周 / 两位经理 / 去出差
> 明年 / 10个新员工 / 来我们公司工作
> 9月10号 / 20人 / 要参加部门的会议

4 我觉得<u>饮料</u>可能<u>不够</u>，<u>25箱</u>比较好。

> 5个员工 / 10个　　　2箱啤酒 / 4箱　　　打印1份文件 / 打印3份

5 <u>25箱</u>比较好。

> 昨天 / 累　　　红色的衣服 / 好看　　　上个月的销售 / 好

STEP 3 자신의 상황에 맞게 대답해 보세요.

1 去野外旅行时，你带什么东西？

> ▶ _____

(((🔔))) **野外** yěwài 명 야외

2 朋友聚会，准备什么菜好？

> ▶ _____

단문

😊 **춘절 행사**

따라 읽기 1 / 2 / 3 🎧 13-08

Duì Zhōngguórén lái shuō, Chūnjié shì zuì zhòngyào de jiérì. Měinián
对中国人来说，春节是最重要的节日。每年

Chūnjié qián, gōngsī dōu huì bàn yí ge hěn dà de jùhuì, qǐng suǒyǒu bù
春节前，公司都会办一个很大的聚会，请所有部

mén de yuángōng cānjiā. Xià zhōu'èr jiùshì jīnnián de Chūnjié, suǒyǐ jīntiān
门的员工参加。下周二就是今年的春节，所以今天

CTI gōngsī yǒu yí ge jùhuì. Chúle gè bùmén de jīnglǐ hé yuángōng,
CTI公司有一个聚会。除了各部门的经理和员工，

yìxiē wàiguó kèhù yě lái le. Jùhuì shang yǒu hěn duō Zhōngguó yǒumíng de
一些外国客户也来了。聚会上有很多中国有名的

xiǎochī, hái yǒu hěn duō zhǒng chá hé qítā hǎo hē de yǐnliào, wàiguó kèhù
小吃，还有很多种茶和其他好喝的饮料，外国客户

dōu hěn xǐhuan, gōngsī de yuángōng yě dōu liáo de hěn gāoxìng.
都很喜欢，公司的员工也都聊得很高兴。

💬 Speaking Training

1. 빈칸을 자유롭게 채워 말해 보세요.

对_____来说，_____是最重要的节日。每年
_____前，公司都会办一个很大的聚会，请所有部门
的_____参加。

🎧 13-09

New Words
• 节日 jiérì 명 명절 • 所有 suǒyǒu 형 모든 • 各 gè 때 각각 • 有名 yǒumíng 형 유명하다
• 种 zhǒng 양 종류

단문 **연습**

STEP **1** 다음 문장과 본문 내용이 일치하면 V, 틀리면 X를 표시하고, 바르게 고쳐 말해 보세요.

1 对中国人来说，圣诞节是最重要的节日。 ☐

　▶ _____

2 每年春节前，公司都会办一个很大的聚会。 ☐

　▶ _____

3 下周三就是今年的春节。 ☐

　▶ _____

STEP **2** 다음 질문에 답해 보세요.

1 谁参加春节聚会？

　▶ _____

2 聚会上有什么东西？

　▶ _____

3 外国客户对这个活动怎么想的？

　▶ _____

정리하기

1 收 vs 受

'收'와 '受'는 둘 다 '받다'라는 의미를 갖습니다. 하지만 일반적으로 '收'는 구체적 사물 등을 받을 때 쓰고, '受'는 추상적인 것을 받을 때 사용합니다.

你今天收到短信了吗?
Nǐ jīntiān shōudào duǎnxìn le ma?

我收到你的e-mail了。
Wǒ shōudào nǐ de e-mail le.

他受到的压力很大。
Tā shòudào de yālì hěn dà.

如果你经常吃它，你的健康状况将受到很大影响。
Rúguǒ nǐ jīngcháng chī tā, nǐ de jiànkāng zhuàngkuàng jiāng shòudào hěn dà yǐngxiǎng.

2 或者 vs 还是

'或者'와 '还是'는 모두 '또는'이라는 의미를 갖지만 '或者'는 평서문에 '还是'는 의문문에 사용합니다.

你对这件事，或者赞成，或者反对，总得有个明确的态度。
Nǐ duì zhè jiàn shì, huòzhě zànchéng, huòzhě fǎnduì, zǒngděi yǒu ge míngquè de tàidu.

社会发展只有两条路，或者前进，或者倒退。
Shèhuì fāzhǎn zhǐyǒu liǎng tiáo lù, huòzhě qiánjìn, huòzhě dàotuì.

竖着写，还是横着写?
Shùzhe xiě, háishi héngzhe xiě?

去，还是不去，你赶快说话。
Qù, háishi bú qù, nǐ gǎnkuài shuōhuà.

🔔 赞成 zànchéng 통 찬성하다 | 反对 fǎnduì 통 반대하다 | 前进 qiánjìn 통 전진하다 |
倒退 dàotuì 통 뒤로 물러나다, 후퇴하다 | 竖 shù 형 세로의 | 横 héng 형 가로의

Quiz
이번 과에서 배운 내용을 바탕으로 중국어로 바꾸어 써 보세요.

1. ① 당신 오늘 문자메시지 받았어요? ▶ _____   ② 나는 당신의 이메일을 받았습니다. ▶ _____

   ③ 그가 받은 스트레스가 큽니다. ▶ _____

   ④ 만약 당신이 자주 그것을 먹는다면 건강에 큰 영향을 미칠 겁니다. ▶ _____

2. ① 당신은 이 일에 찬성을 하던 반대를 하던 어쨌든 명확한 태도를 취해야 합니다. ▶ _____

   ② 사회 발전은 두 가지 길뿐입니다. 전진 아니면 후퇴. ▶ _____

   ③ 세로로 쓸까요 아니면 가로로 쓸까요? ▶ _____   ④ 갈지 안 갈지 빨리 말하세요. ▶ _____

3 说不准

'说不准'은 '단언하기가 어렵다'라는 의미입니다. 비슷한 표현으로 '说不定'이 있습니다.

这种事谁也说不准。
Zhè zhǒng shì shéi yě shuō bu zhǔn.

我们说不准明年处境如何呀。
Wǒmen shuō bu zhǔn míngnián chǔjìng rúhé ya.

谁也说不准，命运的蝴蝶效应。
Shéi yě shuō bu zhǔn, mìngyùn de húdié xiàoyìng.

有些事真的说不准。
Yǒuxiē shì zhēn de shuō bu zhǔn.

🔔 **处境** chǔjìng 명 상태, 상황 | **蝴蝶效应** húdié xiàoyìng 나비효과

4 부사 大概

부사 '大概'는 '아마도', '대개'라는 뜻으로 추측이나 예측을 나타냅니다.

会议大概要延期。
Huìyì dàgài yào yánqī.

这台电脑大概要花多少钱?
Zhè tái diànnǎo dàgài yào huā duōsha qián?

一斤鸡蛋大概有几个?
Yì jīn jīdàn dàgài yǒu jǐ ge?

学好汉语大概需要多长时间?
Xuéhǎo Hànyǔ dàgài xūyào duō cháng shíjiān?

🔔 **延期** yánqī 동 연기되다 | **鸡蛋** jīdàn 명 계란

---

3. ① 이런 일은 누구도 정확하게 말할 수 없습니다. ▶ _____

   ② 우리는 내년 상황이 어떨지 정확히 말할 수 없습니다. ▶ _____

   ③ 누구도 운명의 나비효과에 대해 분명하게 말할 수 없습니다. ▶ _____

   ④ 어떤 일들은 정말 확실하게 말하기 어렵습니다. ▶ _____

4. ① 회의는 아마 연기될 겁니다. ▶ _____   ② 이 컴퓨터는 대략 얼마나 하나요? ▶ _____

   ③ 계란 한 근이 대략 몇 개죠? ▶ _____   ④ 중국어를 잘 배우는데 대략 얼마나 걸리나요? ▶ _____

1 녹음을 듣고 대화 내용과 일치하는 것을 고르세요. 🎧 13-10

A  B  C

(1) (   ) (2) (   )

2 녹음을 듣고 질문에 알맞은 답을 고르세요. 🎧 13-11

(1) A 这个月30号 B 下个月30号 C 下个月3号

(2) A 15人 B 80人 C 180人

3 주어진 단어를 사용하여 빈칸을 채우세요.

보기 累   没想到   认识   饱   好吃

A와 B가 오늘 모임에 대해 이야기하고 있다.

A 小文，今天聚会来了好多人啊！

B 是啊，我也＿＿＿，吃饱了吗？

A ＿＿＿了，今天的菜真＿＿＿。

B 那就好，虽然今天很＿＿＿，但是我＿＿＿了不少同事。

A 这就够了！

4 주어진 단어를 알맞은 순서로 배열하여 문장을 완성하세요.

(1) 最重要的　是　中国人　对　来说　春节　节日　,　。

　　▶ _____

(2) 了　也　一些　除了　各部门的经理和员工　外国客户　来　,　。

　　▶ _____

(3) 不够　可能　我　饮料　觉得　。

　　▶ _____

5 괄호 안의 단어를 넣어 연습한 후, 자유롭게 교체하여 대화해 보세요.

(1) A 你要带什么？

　　B 我想带_____，你呢？（饮料）

　　A _____太_____了，你没有车，我带吧。（饮料/重）

(2) A 一共有多少人参加？

　　B 这我可说不准，大概_____。（180人）

　　A 我觉得_____可能不够。_____比较好，准够了。（饮料/25箱）

6 제시된 표현을 사용하여 다음 주제와 상황에 맞게 말해 보세요.

주제 생일 파티　　상황 당신은 동료들과 함께 파티에 초대 받았습니다.
　　　　　　　　　　　　누가 무엇을 가져가는지 말해 보세요.

표현 啤酒　葡萄酒
　　　饮料　披萨
　　　水果

小王	小高	钱先生	张秘书	周小姐

Tā chūqu le.

他出去了。

| 그는 나갔어요.

리 비서, 좀
올라와주세요.

네, 왕 사장님,
지금 올라갑니다.

학습 목표 □ 동작의 방향이나 횟수를 나타낼 수 있다.

학습 내용 □ 부사 再 vs 又 □ 동량사 趟 □ 결과보어 完 □ 부사 终于

준비하기

STEP 1 이번 과의 주제와 관련된 표현을 따라 읽어 보세요. 🎧 14-01

上去
shàngqu
낮은 곳에서 높은 곳으로
올라가다

过来
guòlai
다른 곳에서 화자가 있는
곳으로 오다

出去
chūqu
안에서 밖으로 나가다

STEP 2 이번 과의 핵심 문장을 발음과 억양에 유의하여 따라 읽어 보세요. 🎧 14-02

1 请问，张经理回来了吗？ ☑ ☐ ☐

Qǐngwèn, Zhāng jīnglǐ huílai le ma?

2 今天上午他来开会，忘了一个文件夹在我这儿。 ☑ ☐ ☐

Jīntiān shàngwǔ tā lái kāihuì, wàngle yí ge wénjiànjiā zài wǒ zhèr.

3 我一会儿给你电话。

Wǒ yíhuìr gěi nǐ diànhuà. ☑ ☐ ☐

😊 **회의 일정 확인하기**

Nín hǎo!　Qǐngwèn, Zhāng jīnglǐ huílai le ma?
A 您好！请问，张经理回来了吗？

Wǒmen shuō de sān diǎn kāishǐ tánpàn, xiànzài chà wǔ fēn sān diǎn.
我们说的3点开始谈判，现在差5分3点。

Zhāng jīnglǐ rìchéng hěn mǎn, shàng yí ge tánpàn hái méi wán ne,
B 张经理日程很满，上一个谈判还没完呢，

qǐng nín zài zhèr děng yíhuìr.
请您在这儿等一会儿。

Quiz
지금은
몇 시인가요?

Hǎo de.　Wǒ kàndào tā le,　tā guòlai le.
A 好的。我看到他了，他过来了。

☐ 3시
☐ 2시 55분

🎧 14-04

New Words ● 谈判 tánpàn 몡 회담　● 差 chà 툉 부족하다, 모자라다　● 满 mǎn 혱 가득하다　● 完 wán 툉 마치다

😊 **두고 간 물건 돌려주기**

Gāo jīnglǐ huíqu le ma?
A 高经理回去了吗？

Duì,　tā yǐjīng huílai le,　gāngcái yòu chūqu le.
B 对，他已经回来了，刚才又出去了。

Jīntiān shàngwǔ tā lái kāihuì,　wàngle yí ge wénjiànjiā zài wǒ zhèr.
A 今天上午他来开会，忘了一个文件夹在我这儿。

Rúguǒ nǐ yǒu shíjiān,　jiù guòlai yí tàng qǔ yíxià,　hǎo ma?
如果你有时间，就过来一趟取一下，好吗？

Hǎo de, wǒ xiànzài jiù guòqu.
B 好的，我现在就过去。

🎧 14-06

😊 사장님 호출

따라 읽기 **1 / 2 / 3** 🎧 14-07

Lǐ mìshū, qǐng nǐ shànglai yíxià.
A 李秘书，请你上来一下。

Hǎo de, Wáng jīnglǐ, wǒ xiànzài jiù shàngqu.
B 好的，王经理，我现在就上去。

Lǐ mìshū, wǒ yào de chuánzhēn zài nǎr?
A 李秘书，我要的传真在哪儿？

Wǒ fàngdào nàge hóngsè de wénjiànjiā lǐ le, zài nín de zhuōzi shang.
B 我放到那个红色的文件夹里了，在您的桌子上。

Duì le, nǐ ràng Xiǎo Zhāng xiān jìnlai yíxià.
A 对了，你让小张先进来一下。

Tā yǒu hǎo xiāoxi yào xiàng wǒ bàogào.
他有好消息要向我报告。

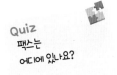

Quiz
팩스는
어디에 있나요?

☐ 책상 서랍 안
☐ 책상 위 파일 안

Hǎo, wǒ xiān xiàqu yíxià, yíhuìr zài shànglai.
B 好，我先下去一下，一会儿再上来。

Hǎo de, wǒ yíhuìr gěi nǐ diànhuà.
A 好的，我一会儿给你电话。

🎧 14-08

회화 연습

STEP 1 알맞게 연결하여 대화를 연습해 보세요.

1 高经理回去了吗? •   • 对，他已经回来了，

2 李秘书，请你上来一下。 •   • 好的，我现在就上去。

3 我要的传真在哪儿? •   • 我放到那个红色的文件
                                          夹里了。

STEP 2 제시된 단어로 바꾸어 연습해 보세요.   🎧 14-09

1 我们说的<u>三点</u>开始谈判，现在差五分<u>三点</u>。

> 两点   八点   十点

2 <u>他已经回来了</u>，<u>刚才</u>又<u>出去了</u>。

> 这件衣服的质量好 / 颜色 / 漂亮
> 他喝了一杯水 / 现在 / 喝了一杯啤酒
> 小王昨天买了一条裤子 / 今天 / 买了一条

3 今天上午他来<u>开会</u>，忘了一个<u>文件夹</u>在我这儿。

> 玩儿 / 手机   做报告 / 钱包   做面试官 / 笔记本电脑

4 你过来一趟取一下文件夹，好吗？

过去 / 加点儿 / 油　上来 / 看一下 / 计划　上去 / 买点儿 / 水果

5 李秘书，请你上来一下。

钱小姐 / 下来 / 一趟　文秘书 / 出来 / 一下　李先生 / 过来 / 一趟

STEP 3 제시된 사진에 알맞은 문장을 말해 보세요.

1

▶ _____

★ 进来를 사용해서 말해 보세요.

2

▶ _____

★ 进去를 사용해서 말해 보세요.

😊 비서 업무

따라 읽기 1 / 2 / 3   🎧 14-10

Wǒ shì CTI gōngsī de mìshū,　　wǒ hěn xǐhuan zhè fèn gōngzuò, dàn
我是CTI公司的秘书，我很喜欢这份工作，但

shì yǒu shíhou gōngzuò yǒudiǎnr duō.　Shàngwǔ jiǔ diǎn, Qián jīnglǐ ràng wǒ
是有时候工作有点儿多。上午9点，钱经理让我

shàngqu kāihuì.　Kāiwán huì hòu,　wǒ yòu chūqule yí tàng,　gěi chē jiā
上去开会。开完会后，我又出去了一趟，给车加

le yóu.　Gāng huílai bù jiǔ,　guǎnggàobù de Xiǎo Wáng xiàlai zhǎo wǒ, ràng
了油。刚回来不久，广告部的小王下来找我，让

wǒ dǎyìn jǐ fèn bàogào. Gāng zuòwán,　yòu yǒu yí wèi xìng Zhōu de xiānsheng
我打印几份报告。刚做完，又有一位姓周的先生

guòlai zhǎo Qián jīnglǐ.　Qián jīnglǐ zhèngzài zuò bàogào,　wǒ jiù jìnqu gào
过来找钱经理。钱经理正在做报告，我就进去告

sùle tā.　　Guòle yíhuìr,　　Qián jīnglǐ zuòwán bàogào chūlai, hé Zhōu
诉了他。过了一会儿，钱经理做完报告出来，和周

xiānsheng tánle bàn ge xiǎoshí cái tánwán. Zhōngyú kěyǐ xiàbān le!
先生谈了半个小时才谈完。终于可以下班了！

🎧 14-11

New Words ● 终于 zhōngyú 🖭 결국

STEP 1 다음 문장과 본문 내용이 일치하면 V, 틀리면 X를 표시하고, 바르게 고쳐 말해 보세요.

1 她是CTI公司的经理。 ☐

▶ _____

2 上午9点，钱经理让她上去开会。 ☐

▶ _____

3 广告部的小王下来找她，让她给车加油。 ☐

▶ _____

STEP 2 다음 질문에 답해 보세요.

1 她打印了几份报告后，谁过来找钱经理？

▶ _____

2 钱经理几点让她上去开会？

▶ _____

3 她喜不喜欢这份工作？

▶ _____

정리하기

1 再 vs 又

부사 '再'는 미래 행위의 중복 발생을 나타내고, 부사 '又'는 과거 행위의 중복 발생을 나타냅니다.

请再说一遍。
Qǐng zài shuō yí biàn.

再试一试。
Zài shì yi shì.

到那个时候再采取措施吧。
Dào nàge shíhou zài cǎiqǔ cuòshī ba.

今天又下雪了。
Jīntiān yòu xià xuě le.

🔔 采取 cǎiqǔ 图 (방침·수단·태도 따위를) 채택하다, 취하다 | 措施 cuòshī 명동 조치(하다), 대책(을 행하다)

2 동량사 趟

'趟'은 동사 뒤에서 동작의 횟수를 나타내는 동량사다. 보통 '가다, 오다'와 같이 왕복을 나타내는 동사와 함께 쓰인다.

我去了一趟银行。
Wǒ qùle yí tàng yínháng.

我最近去了一趟北京。
Wǒ zuìjìn qùle yí tàng Běijīng.

他似乎每个星期天，都会回家一趟。
Tā sìhū měi ge xīngqītiān, dōu huì huí jiā yí tàng.

我到欧洲游览了一趟。
Wǒ dào Ōuzhōu yóulǎnle yí tàng.

🔔 似乎 sìhū 튀 마치 ～인 것 같다 | 欧洲 Ōuzhōu 명 유럽 | 游览 yóulǎn 명동 유람(하다)

💡 Quiz 이번 과에서 배운 내용을 바탕으로 중국어로 바꾸어 써 보세요.

1. ① 다시 한 번 말해 주세요. ▶ _____

② 다시 시도해 보세요. ▶ _____

③ 그 때가 되면 다시 대책을 취합시다. ▶ _____

④ 오늘 또 눈이 내렸습니다. ▶ _____

2. ① 저는 은행에 다녀왔습니다. ▶ _____

② 저는 최근 베이징에 다녀왔습니다. ▶ _____

③ 그는 거의 매주 일요일이면 집에 다녀오는 것 같습니다. ▶ _____

④ 저는 유럽을 한 번 둘러봤습니다. ▶ _____

3 결과보어 完

결과보어 '完'은 동작이 완료되었음을 나타냅니다. 중국어는 동사만으로는 동작의 완료를 나타내지 못하므로 결과보어 등 결과를 나타내는 표지를 따로 사용합니다.

看完信，他脸上的笑容消失了。
Kànwán xìn, tā liǎn shang de xiàoróng xiāoshī le.

刚吃完饭别躺着，起来活动活动。
Gāng chīwán fàn bié tǎngzhe, qǐlai huódòng huódòng.

他半晌工夫就把一瓶酒喝完了。
Tā bànshǎng gōngfu jiù bǎ yì píng jiǔ hēwán le.

((🔔)) **笑容** xiàoróng 몡 미소 | **消失** xiāoshī 됭 사라지다, 없어지다, 소실하다 |
躺 tǎng 됭 눕다 | **半晌** bànshǎng 몡 잠깐동안 | **功夫** gōngfu 몡 시간

4 부사 终于

부사 '终于'는 '마침내, 결국'이라는 의미를 갖습니다.

他们俩分别了十多年，终于又见面了。
Tāmen liǎ fēnbiéle shí duō nián, zhōngyú yòu jiànmiàn le.

那件艺术品终于完成了。
Nà jiàn yìshùpǐn zhōngyú wánchéng le.

韩国足球队终于超过了所有对手。
Hánguó zúqiú duì zhōngyú chāoguòle suǒyǒu duìshǒu.

((🔔)) **分别** fēnbié 됭 헤어지다, 이별하다 | **艺术品** yìshùpǐn 몡 예술품 |
超过 chāoguò 됭 따라 앞서다, 추월하다 | **对手** duìshǒu 몡 상대

---

3. ① 편지를 다 읽고 그의 얼굴에서 웃음기가 사라졌다. ▶ _____

② 밥을 막 먹고서는 눕지 말고, 일어나서 좀 움직이세요. ▶ _____

③ 그는 잠깐 동안 술 한 병을 다 마셔버렸다. ▶ _____

4. ① 그들 둘은 헤어진 지 10여 년 만에 결국 또 다시 만났다. ▶ _____

② 그 예술품은 마침내 완성되었다. ▶ _____

③ 한국 축구팀은 결국 모든 상대들을 넘어서게 되었다. ▶ _____

종합 연습

1 녹음을 듣고 대화 내용과 일치하는 것을 고르세요. 🎧 14-12

 A  B  C

(1) (　　　　　)　　　　　(2) (　　　　　)

2 녹음을 듣고 질문에 알맞은 답을 고르세요. 🎧 14-13

(1) A 两点五分　　　B 两点五十五分　　　C 三点五分

(2) A 文件夹　　　B 手机　　　C 钱包

3 주어진 단어를 사용하여 빈칸을 채우세요.

> 보기　　放　　　上来　　　桌子　　　上去　　　报告

왕 사장이 리 비서를 호출합니다.

A 李秘书，请你_____一下。

B 好的，王经理，我现在就_____。

A 李秘书，我要的传真在哪儿?

B 我_____到那个红色的文件夹里了，在您的_____上。

A 对了，你让小张先进来一下。他有好消息要向我_____。

B 好，我先下去一下，一会儿再上来。

4 주어진 단어를 알맞은 순서로 배열하여 문장을 완성하세요.

(1) 上去　让　我　钱经理　开会　。

▸ _____

(2) 有　报告　他　要　向我　好消息　。

▸ _____

(3) 了　可以　终于　下班　！

▸ _____

5 괄호 안의 단어를 넣어 연습한 후, 자유롭게 교체하여 대화해 보세요.

(1) A　李秘书，我要的＿＿＿在哪儿？（传真）
　　B　我放到＿＿＿了。（那个红色的文件夹里）

(2) A　如果你有时间，就过来一趟＿＿＿好吗？（取一下）
　　B　好的，我现在就过去。

6 제시된 표현을 사용하여 다음 주제와 상황에 맞게 말해 보세요.

주제 스케줄 정리하기

상황 아래는 오늘 당신이 해야 할 일들입니다. 배운 표현들을 사용해서 오늘 일정을 시간 순서대로 설명해 보세요.

上午10点	去银行
上午11点	回公司
下午1点	给车加油
下午3点	去楼上找李经理签字
下午5点半	回办公室，下班

Qǐng bǎ mén dǎkāi.

请把门打开。

| 문을 열어 주세요.

오후에 비가 올 것 같은데
우산 가져가세요.

네,
감사합니다.

학습 목표 □ 把자문 표현을 할 수 있다.

학습 내용 □ 把자문 □ 조동사 应该 □ 怎么 A 怎么 B

STEP 1
이번 과와 관련된 단어를 따라 읽어 보세요.

🎧 15-01

问题	解决	困难
wèntí	jiějué	kùnnan
문제, 질문	해결하다	곤란, 어려움, 애로

STEP 2
이번 과의 핵심 문장을 발음과 억양에 유의하여 따라 읽어 보세요.

🎧 15-02

1 下午可能有雨，你把伞带着吧。　☑ ☐ ☐

Xiàwǔ kěnéng yǒu yǔ, nǐ bǎ sǎn dàizhe ba.

2 我们得把这份文件写好。　☑ ☐ ☐

Wǒmen děi bǎ zhè fèn wénjiàn xiěhǎo.

3 我把李先生的地址忘了。　☑ ☐ ☐

Wǒ bǎ Lǐ xiānsheng de dìzhǐ wàng le.

외근 사유 말하기

따라 읽기 1 / 2 / 3 🎧 15-03

Nǐ yào chūqu ma?
A 你要出去吗?

Shì de, shēngchǎnbù yǒuxiē máfan, wǒ yào qù bǎ wèntí jiějué yíxià.
B 是的，生产部有些麻烦，我要去把问题解决一下。

Xiàwǔ kěnéng yǒu yǔ, nǐ bǎ sǎn dàizhe ba.
A 下午可能有雨，你把伞带着吧。

Quiz
B는 왜 나가나요?
☐ 우산을 가져다주려고
☐ 생산팀에 문제가
생겨서

Hǎo de, xièxie nǐ.
B 好的，谢谢你。

🎧 15-04

New Words • 生产 shēngchǎn 몡 생산 • 解决 jiějué 통 해결하다

마감일 안내하기

따라 읽기 1 / 2 / 3 🎧 15-05

Wǒmen děi bǎ zhè fèn wénjiàn xiěhǎo.
A 我们得把这份文件写好。

Shénme shíhou gěi kèhù?
B 什么时候给客户?

Xià zhōuyī qián yào bǎ wénjiàn fāgěi kèhù, yǒu kùnnan ma?
A 下周一前要把文件发给客户，有困难吗?

Yīnggāi méi wèntí, nǐ xīngqīsān zài tíxǐng wǒ yíxià.
B 应该没问题，你星期三再提醒我一下。

Nǐ qīngchu kèhù de yāoqiú ma?
A 你清楚客户的要求吗?

Bié dānxīn,   kèhù zěnme yāoqiú wǒmen zěnme zuò.

B 别担心，客户怎么要求我们怎么做。

🎧 15-06

New Words

• 得 děi 图 ~해야 한다 • 困难 kùnnan 명 곤경 • 应该 yīnggāi 图 당연히 ~할 것이다 • 再 zài 图 다시 • 提醒 tíxǐng 图 일깨우다 • 清楚 qīngchu 图 알다 • 要求 yāoqiú 명 요구 • 担心 dānxīn 图 걱정하다

😊 주소 묻기

 1 / 2 / 3   🎧 15-07

Xiǎo Wáng, nǐ bǎ xìn jì chūqu le ma?

A 小王，你把信寄出去了吗？

Hái méiyǒu.   Gāng xiěhǎo.

B 还没有。刚写好。

Jīntiān xiàwǔ néng bǎ xìn jì chūqu ma?

A 今天下午能把信寄出去吗？

Kěyǐ ba.   Dànshì wǒ bǎ Lǐ xiānsheng de dìzhǐ wàng le,

B 可以吧。但是我把李先生的地址忘了，

nín néng gěi wǒ ma?

您能给我吗？

Kěyǐ,   dànshì wǒ méiyǒu dài bǐ,

A 可以，但是我没有带笔，

wǒ yíhuìr bǎ dìzhǐ fādào nǐ de diànzǐ yóuxiāng ba.

我一会儿把地址发到你的电子邮箱吧。

🎧 15-08

Quiz

편지를 받는 사람은
누구인가요?

☐ 왕 사장님
☐ 미스터 리

New Words

• 信 xìn 명 편지 • 寄 jì 图 부치다 • 地址 dìzhǐ 명 주소 • 笔 bǐ 명 펜

회화 연습

STEP 1 알맞게 연결하여 대화를 연습해 보세요.

1 下午可能有雨，你把伞带着吧。 •
• 别担心，客户怎么要求我们怎么做。

2 什么时候给客户？ •
• 好的，谢谢你。

3 你清楚客户的要求吗？ •
• 下周一前要把文件发给客户。

STEP 2 제시된 단어로 바꾸어 연습해 보세요. 🎧 15-09

1 请你把门打开。

| 电脑 / 关上 | 工作 / 做完 | 护照 / 拿出来 |

2 你把伞带着吧。

| 西装 / 拿 | 眼镜 / 戴 | 复印件 / 带 |

3 把文件发给客户。

小文的信 / 带 / 小高
出差的日程 / 寄 / 李先生
今年的工作报告 / 交 / 王经理

4 你星期三再提醒我一下。

明天　　　　晚上　　　　下星期一

5 我把李先生的地址忘了。

报告 / 打印好
客户的要求 / 讲清楚
公司遇到的问题 / 解决好

6 我一会儿把地址发到你的电子邮箱吧。

电话号码　　　　有关信息　　　　网址

网址 wǎngzhǐ 명 웹 사이트 주소

STEP **3** 자신의 상황에 맞게 대답해 보세요.

1 请用把字造句。

▶　＿＿＿＿＿＿＿＿＿＿＿＿＿＿＿＿

피곤한 주말

Jīntiān shì xīngqītiān,　wǒ méiyǒu qù shàngbān.　Shàngwǔ,　wǒ zài
今天是星期天，我没有去上班。上午，我在

jiā xiān bǎ mén xiūlǐ hǎo le,　ránhòu qùle yí tàng chāoshì,　bǎ míngtiān
家先把门修理好了，然后去了一趟超市，把明天

xūyào de shuǐguǒ mǎi le.　Huílai hòu, wǒ bǎ dōngxi fàngzài zhuō shang, jiù
需要的水果买了。回来后，我把东西放在桌上，就

qù zuò fàn le.　Chīwán fàn hòu,　wǒ bǎ xiěgěi Xiǎo Lǐ de xìn jìle chū
去做饭了。吃完饭后，我把写给小李的信寄了出

qu.　Wǎnfàn qián,　wǒ bǎ Lǐ jīnglǐ xūyào de wénjiàn fādào le tā de
去。晚饭前，我把李经理需要的文件发到了他的

diànzǐ yóuxiāng,　ránhòu bǎ míngtiān kāihuì yào de bàogào dúwán le. Jīntiān
电子邮箱，然后把明天开会要的报告读完了。今天

suīrán búyòng shàngbān, dànshì wǒ háishi juéde hěn lèi.
虽然不用上班，但是我还是觉得很累。

💬 Speaking Training

1. 빈칸을 자유롭게 채워 말해 보세요.

今天是星期天，我没有去_____。上午，我在
家先把_____修理好了，然后去了一趟_____，把明
天需要的_____买了。回来后，我把东西放在桌上，
就去做饭了。吃完饭后，我把写给_____的_____寄
了出去。晚饭前，我把_____需要的文件发到了他的
_____，然后把明天开会要的报告读完了。今天虽然
不用上班，但是我还是觉得很累。

단문 **연습**

STEP 1 다음 문장과 본문 내용이 일치하면 V, 틀리면 X를 표시하고, 바르게 고쳐 말해 보세요.

1 上午，他在家先把门修理好了。 ☐

▶ _____

2 回来后，他把东西放在桌上。 ☐

▶ _____

3 他今天没有上班，所以觉得很舒服。 ☐

▶ _____

STEP 2 다음 질문에 답해 보세요.

1 今天他上班了吗?

▶ _____

2 吃午饭后，他把信给谁寄出去了?

▶ _____

3 他在哪儿买水果了?

▶ _____

정리하기

1 把자문

문장의 앞에는 말하고자 하는 주제가 나오고, 문장의 뒤에는 주제에 관한 정보가 나오게 됩니다. 把자문은 뒤에 있던 목적어를 앞으로 옮기고 동사를 뒤로 두면서 우리가 행위에 관한 정보에 집중하게 합니다. 행위를 강조하기 위해 쓰이므로 일반적으로 동사는 단독으로 사용되지 않고 다른 성분과 함께 행위를 구체화합니다.

我把这部电影看完了。
Wǒ bǎ zhè bù diànyǐng kànwán le.

她把这件事告诉李经理了。
Tā bǎ zhè jiàn shì gàosu Lǐ jīnglǐ le.

请把文件放在那儿。
Qǐng bǎ wénjiàn fàngzài nàr.

请把门打开。
Qǐng bǎ mén dǎkāi.

조동사, 부정부사 '不', '没'와 시간사는 일반적으로 '把'의 앞에 옵니다.

今天我们得把论文写完。
Jīntiān wǒmen děi bǎ lùnwén xiěwán.

不把对手放在眼里。
Bù bǎ duìshǒu fàngzài yǎn lǐ.

我没把伞带来。
Wǒ méi bǎ sǎn dàilai.

一会儿就把车修好了。
Yíhuìr jiù bǎ chē xiūhǎo le.

(((◎))) 论文 lùnwén 몡 논문

Quiz
이번 과에서 배운 내용을 바탕으로 중국어로 바꾸어 써 보세요.

1. ① 저는 이 영화를 다 봤습니다. ▶ _____

② 그녀는 이 일을 리 사장에게 알렸습니다. ▶ _____

③ 서류를 저기에 두세요. ▶ _____

④ 문을 열어 주세요. ▶ _____

⑤ 오늘 우리는 논문을 다 써야 합니다. ▶ _____

⑥ 상대를 안중에 두지 않다. ▶ _____

⑦ 저는 우산을 가져오지 않았습니다. ▶ _____

⑧ 잠깐만에 차를 다 고쳤다. ▶ _____

2 조동사 应该

조동사 '应该'는 '(사실, 도리상) 마땅히 ~해야 한다'라는 의미 이외에 '(객관적인 사실에서 미루어) 분명 ~일 것이다'라는 강한 추측을 나타내기도 합니다.

应该会有这个可能性。
Yīnggāi huì yǒu zhège kěnéngxìng.

下个月应该会涨工资。
Xià ge yuè yīnggāi huì zhǎng gōngzī.

你应该会觉得超级精彩。
Nǐ yīnggāi huì juéde chāojí jīngcǎi.

他看到这样的结果应该会很高兴。
Tā kàndào zhèyàng de jiéguǒ yīnggāi huì hěn gāoxìng.

涨 zhǎng 동 오르다 | 工资 gōngzī 명 임금, 보수 | 精彩 jīngcǎi 형 훌륭하다, 근사하다

3 怎么 A 怎么 B

'怎么 A 怎么 B'와 같이 의문사 '怎么'가 반복되면 반복되는 동작의 방식이 같음을 나타냅니다.

想怎么说就怎么说。
Xiǎng zěnme shuō jiù zěnme shuō.

这事该怎么办就怎么办。
Zhè shì gāi zěnme bàn jiù zěnme bàn.

你说怎么干就怎么干，我们听你的。
Nǐ shuō zěnme gàn jiù zěnme gàn, wǒmen tīng nǐ de.

政府想怎么花就怎么花。
Zhèngfǔ xiǎng zěnme huā jiù zěnme huā.

政府 zhèngfǔ 명 정부

---

2. ① 분명히 이러한 가능성이 있을 것이다.

▶ _____

② 다음 달에 반드시 월급이 오를 것이다.

▶ _____

③ 당신은 분명 매우 훌륭하다고 생각할 것이다.

▶ _____

④ 그는 이러한 결과를 보고 분명 기뻐할 것이다.

▶ _____

3. ① 말하고 싶은 게 있으면 말씀하세요.

▶ _____

② 이 일을 해야 하는 방식대로 하겠습니다.

▶ _____

③ 말씀하시는 대로 하겠습니다.

▶ _____

④ 정부가 쓰고 싶은 방식대로 쓰는 거죠.

▶ _____

종합 연습

1 녹음을 듣고 대화 내용과 일치하는 것을 고르세요.   🎧 15-11

A    B    C

(1) (   )   (2) (   )

2 녹음을 듣고 질문에 알맞은 답을 고르세요.   🎧 15-12

(1) A 营销部   B 生产部   C 市场部

(2) A 王秘书   B 王经理   C 李先生

3 주어진 단어를 사용하여 빈칸을 채우세요.

> 보기   清楚   文件   困难   应该   提醒

B가 A에게 마감일을 묻는다.

A 我们得把这份＿＿写好。

B 什么时候给客户?

A 下周一前要把文件发给客户，有＿＿吗?

B ＿＿没问题，你星期三再＿＿我一下。

A 你＿＿客户的要求吗?

B 别担心，客户怎么要求我们怎么做。

4 주어진 단어를 알맞은 순서로 배열하여 문장을 완성하세요.

(1) 修理　超市　我　然后　把门　好了　在家
去了　先　一趟　，　。

▶ _____

(2) 我　信　出去　把　寄了　写给小李的　。

▶ _____

(3) 很累　还是　今天　觉得　不用　上班　我　但是
虽然　，　。

▶ _____

5 괄호 안의 단어를 넣어 연습한 후, 자유롭게 교체하여 대화해 보세요.

(1) A 你把_____了吗？（信/寄出去）
B 还没有。

(2) A 我把_____忘了，您能给我妈？（李先生的地址）
B 可以。

6 제시된 표현을 사용하여 다음 주제와 상황에 맞게 말해 보세요.

주제 사무실 정리하기

상황 당신은 오늘 동료들과 사무실을 정리합니다. 무엇을 어디에 배치할 것인지 계획을 말해 보세요.

표현 放　要求　觉得　需要　东西

부록

본문 해석

* Unit 01 *

회화

A 가도 될까요? 밖에 차 한 대가 우리를 기다리고 있습니다.

B 그래요. 감사합니다.

A 우선 호텔로 갑니다. 제가 차에서 오늘 일정을 알려 드리겠습니다.

B 좋습니다.

A 차에 타시죠.

B 네, 오늘 제 일정은……

A 점심에 리 사장님이 식사에 초대했고, 오후에 우리 회사에서 리 사장님과 회의가 있습니다.

B 정말 좋군요. 감사합니다.

A 아닙니다. 만약 필요하신 게 있으면 저에게 말해 주세요.

A 미스터 첸, 차 드세요.

B 감사합니다. 미스 장, 물어볼 게 있는데요. 내일 제 일정은 무엇인가요?

A 지금 여름이라 베이징이 매우 아름답습니다. 외출하고 싶으세요?

B 아니에요. 감사해요. 저는 친구를 만나려고요.

A 차가 필요하신가요?

B 필요하지 않습니다. 감사합니다.

단문

리 선생님, 제가 중국에서의 일정을 알려 드리겠습니다. 당신의 비행기는 11월 15일 10시에 도착합니다. 제가 공항으로 마중 나갈 것입니다. 제가 방을 예약해서 우선 호텔로 모시고 갈 것입니다. 점심에 첸 사장님이 식사에 초대하셨고, 오후에 우리 회사에서 회의를 합니다. 11월 16일에는 잠시 쉬실 수 있습니다. 만약 외출하고 싶으시면 제가 모셔다 드릴 수 있습니다. 당신의 비행기는 11월 17일 아침 11시입니다. 제가 아침 8시에 모시러 가서 공항으로 바래다 드릴 겁니다. 보시기에 이 일정이 괜찮으신가요? 만약 필요하신 게 있다면 제게 알려 주시기 바랍니다.

* Unit 02 *

회화

A 오늘 어떤 일정이 있나요?

B 저는 친구와 노래 부르러 가려고요. 당신은요?

A 저는 조깅하러 가려고요.

A 오늘 일정에 만족하셨나요?

B 매우 만족합니다. 감사 드립니다.

A 당신은 우리의 가장 중요한 고객이신데 당연히 일정을 잘 짜야죠.

B 정말 잘 짜셨어요. 감사합니다!

A 별말씀을요.

A 당신 내일 저녁에 어떤 일정이 있나요?

B 없어요.

A 제가 식사를 대접하고 싶어요.

B 초대해 주셔서 감사합니다. 그런데 제가 컨디션이 조금 안 좋아서요. 아무래도 가지 않는 게 좋겠어요.

A 진찰을 받아 보시겠어요?

B 아닙니다. 고마워요.

A 그럼 호텔에서 쉬세요. 진찰 받으시려면 저에게 전화하시고요.

B 네, 감사합니다!

단문

왕 비서, 제 일정 좀 보고 이 스케줄들 좀 짜 주세요. 첫째, 첸 사장이 저 보고 그의 회사로 와서 회의하자는데, 제가 언제 시간이 있는지 봐 주세요. 둘째, CTI 회사는 우리의 가장 중요한 고객이라 제가 그곳의 리 사장과 만나려는데 일정을 잡아 주세요. 셋째, 장 사장이 저에게 다음 주에 같이 출장을 같이 가겠느냐고 물었고, 저는 가고 싶거든요. 다음 주에 제가 없을 거예요. 저의 다음 주 일정이 뭐죠? 만약 중요한 일이 있다면 다다음 주로 잡아 주세요.

* Unit 03 *

회화

A 올해 여행 갈 계획이 더 있어요?

B 네. 올해 일본에 갈 계획이에요.

A 언제 가요?

B 저는 겨울에 가려고요. 이게 제 계획입니다. 보시기에 어때요?

A 먼저 일본에 갔다가 한국으로 간다고요?

B 네, 이렇게 하면 비행기 표가 가장 싸요.
만약 한국에 먼저 가면 13,000위안이지만 일본 먼저 들르면 8,000위안입니다.

A 정말 싸군요!

A 샤오왕, 업무계획서 봤어요.

B 사장님, 무슨 문제가 있나요?

A 우리 회사가 작년 신상품이 10개, 올해 15개인데 내년에는 8개밖에 없나요?

B 맞습니다. 사장님, 올해 매우 많았습니다.

A 제 생각에 너무 적네요. 내년에 신상품 10개를 만들 수 있을까요?

B 제가 생각 좀 해 보겠습니다.

단문

나의 내년 계획: 1월부터 7월까지 중국에 가서 중국어 공부하고, 공부할 때는 매일 달리기를 할 겁니다. 그 후에 회사에 돌아와 일할 겁니다. 12월에는 별일 없고 그다지 바쁘지 않아 조금 쉴 수 있습니다. 작년에는 한국에 갔었고, 올해는 일본에 갔는데 내년에는 미국으로 여행을 갈 계획입니다. 당신이 보기에 어떤 것 같나요?

* Unit 04 *

회화

A 샤오장, 공지 봤어요?

B 어떤 공지요?

A 리베이가 다음 달에 우리 부서의 새 사장이 된대요.

A 안녕하세요. 실례지만 미스 왕환이세요?

B 네, 누구세요?

A 여기는 공항인데 알려 드릴 게 있어서요. 손님의 여행용 가방을 찾았습니다.

B 정말이요? 다행이네요. 제가 지금 가서 찾을 수 있나요?

A 네, 저희 사무실은 2동 1103호입니다.

A 왕 비서, 안녕하세요. 우리 3시에 회의하죠?

B 리 사장님, 안녕하세요. 공지 못 받으셨어요?

A 공지? 어떤 공지요?

B 회의는 내일 오전으로 잡혔습니다.

A 정말 죄송해요. 제가 잊었었네요. 내일 뵙겠습니다.

B 내일 뵙겠습니다.

단문

장 비서, 공지 두 개만 써 주세요. 첫 번째 공지는 휴가 공지입니다. 우리는 10월 1일부터 10월 7일까지 휴가라고 알려 주세요. 두 번째 공지는 직원 회의에 관한 것입니다. 모든 직원이 다 참가해야 합니다. 회의는 다음 주 금요일인 9월 15일에 6층 회의실에서 하겠습니다. 반드시 모든 직원에게 공지해 주세요.

* Unit 05 *

회화

A 안녕하세요! 여기서 서류를 복사할 수 있나요?

B 됩니다. 선생님, 무엇을 복사하시려고요?

A 이 서류들이요. 장마다 10부씩 복사하려고요.

A 안녕하세요. 하얀 와이셔츠 하나 사려고요.

B 이건 어떠세요?

A 한번 입어 볼게요.

B 크지도 작지도 않고 딱 맞네요.
이 와이셔츠는 지금 50% 할인 중입니다. 100위안밖에 안 해요.

본문 해석

A 어서 오세요! 이쪽은 텔레비전이고, 카메라는 저쪽에 있습니다.
B 여기에 직접 사진을 프린트할 수 있는 카메라가 있나요?
A 정말 죄송합니다. 없습니다.

A 지금 할인 같은 게 있나요?
B 있습니다. 이걸 봐 주세요. 지금 40% 할인 중이라 8,000위안밖에 안 합니다.
A 정말 좋네요. 어디서 계산하죠?
B 이쪽으로 오시죠.

단문

저희 가게에 오신 것을 환영합니다. 이번 주에는 혜택이 아주 많습니다. 월요일에는 과일이 50%, 화요일에는 텔레비전이 40%, 수요일에는 카메라가 30%, 목요일에는 에어컨이 20%, 금요일에는 차가 10%, 토요일에는 커피 '1+1' 행사가 있습니다. 환영합니다.

* Unit 06 *

회화

A 당신의 컴퓨터가 어떻게 된 거죠?
B 프린트가 안 돼요.
A 제가 한번 검사해 보겠습니다.
B 번거롭게 해 드리네요.

A 저는 CTI 회사의 왕환입니다.
   우리 회사 에어컨이 고장나서요. 사람을 보내 수리 좀 해 주세요.
B 네, 제가 바로 사람을 보내겠습니다.

A 안녕하세요. 여기 에어컨이 고장 났나요?
B 네.
A 제가 점검 좀 해 보겠습니다.
B 네, 들어오세요.

잠시 후

A 여기요. 수리를 마쳤습니다. 한번 확인해 보세요.
B 네, 문제가 없네요. 감사합니다.
A 여기에 서명해 주세요.
   만약 또 문제가 생기면 저희에게 전화해 주세요.
B 감사합니다. 안녕히 가세요.

단문

왕 비서, 저는 내일 출장을 갑니다. 파일은 책상 위에 있고, 제가 이미 사인했습니다. 제 사무실의 에어컨이 고장 나서 사무실 안이 너무 더워요. 사람을 불러서 수리 좀 해 주세요. 제 컴퓨터도 문제가 생겨서 프린트가 안 됩니다. 사람을 불러서 수리를 좀 해 주세요.

* Unit 07 *

회화

A 당신은 어떤 일을 하세요?
B 저는 병원에서 일합니다. 의사예요. 당신은요?
A 저는 택시 기사입니다.

A 왕 비서, 제가 당신에게 당신의 업무에 대해 알려 드릴게요.
B 네, 저는 어떤 것들을 하나요?
A 당신의 일은 주로 리 사장님의 일정을 잡는 거예요.
B 네, 알겠습니다.

A 미스 가오, 오늘이 첫 출근이네요.
   제가 당신의 업무에 대해 알려 드릴게요.
B 네, 제가 어떤 것들을 하면 될까요?
A 당신의 일은 주로 전화를 받는 거예요.
   만약 찾는 사람이 없으면 메시지를 기록하면 됩니다.
B 네, 알겠습니다.
A 문제 있나요?
B 문제없습니다. 우선 해 보겠습니다.
A 만약 문제가 있으면 저에게 전화하세요.

B 네, 감사합니다.

단문

저는 CTI 회사에서 일하고, 비서입니다. 제 일은 주로 사장님의 일정을 잡는 것입니다. 저는 전화를 받고 거는 것, 메시지 기록, 서류 프린트와 복사도 해야 합니다. 왜 제가 중국어를 배우기 시작하냐고요? 왜냐하면 우리 회사는 줄곧 중국 고객이 많기 때문입니다. 그래서 친구들이 저에게 중국어를 배울 것을 제안했습니다. 제가 중국어를 하고 영어도 조금 가능하니 내년에 저는 중국으로 일하러 가게 될 것입니다. 저는 이것이 새로운 시작이라고 생각합니다.

* Unit 08 *

회화

A 신제품 진행 상황이 어떤가요?
B 계획대로 진행하고 있습니다.
A 얼마나 완성했나요?
B 이미 반 정도 끝냈습니다.
A 정말 잘 됐네요! 더 앞당겨서 완성할 수 있나요?
B 제 생각에 앞당길 수는 없을 것 같습니다. 우리는 계획대로 완성할 것 같습니다.

A 리 비서, 저는 목요일 오후에 회의할까 합니다. 일정 좀 잡아 주세요.
B 이번 회의는 무엇에 관한 것인가요?
A 이 회의는 신제품에 관련된 것이고, 매우 중요합니다.
B 회의에 누구를 부르실 거예요?
A 제품 매니저와 그리고 CTI 회사의 미스터 저우를 불러 주세요. 저는 그의 의견과 건의를 들어 보고 싶습니다.

A 미스터 저우, 이건 저희 회사의 신상품입니다. 당신이 보시기에 어떠세요?
B 제가 제품 소개를 봤습니다. 이 상품들은 품질이 좋고 가격이 저렴하네요.

A 의견이나 건의 있으신가요?
B 초록색과 노란색만 있어서 색상이 적은 것 같아요.
A 보시기에 무슨 색이 더 있으면 좋겠나요?
B 제 생각에 빨간색과 파란색도 예쁜 것 같습니다.

단문

미스터 왕, 당신에게 우리 회사의 신제품을 소개할 수 있어서 기쁩니다. 이것은 우리의 제품 소개입니다. 한번 봐 주세요. 우리 회사의 신제품은 품질이 좋고 가격도 쌉니다. 제 생각에 당신은 분명히 이 신제품들을 좋아할 것 같습니다.

* Unit 09 *

회화

A 왕환, 저 좀 도와주실 수 있어요?
제가 중국 친구를 사귀었는데 친구가 저를 집에 초대했거든요. 제가 어떤 선물을 가져가면 좋을까요?
B 중국인들은 차나 과일 등을 가져가는 것을 좋아해요.

A 미스터 가오, 저 좀 도와주실래요? 이 표는 어떻게 채워요?
B 제가 한번 볼게요. 여기에 사려는 물건을 쓰시고, 여기에 얼마나 살지 쓰고, 여기에 서명을 하면 됩니다.
A 감사합니다. 이 표는 누구에게 내면 되죠?
B 장 비서에게 내면 됩니다.

A 장 비서, 저 좀 도와주실래요? 리 사장님이 회의 하나를 준비하라고 하셨는데, 제가 어떻게 해야 하죠?
B 회의 일정을 잡고 참가할 사람들에게 알리세요. 회의 전에 필요한 서류들은 모두 프린트하고 복사하고요. 회의할 때는 회의록을 작성하면 돼요.
A 그런데 제가 회의록을 작성해 본 적이 없어요.
B 괜찮아요. 제가 쓴 회의록 한 부를 드릴게요. 보시면 알 거예요.

본문 해석

단문

안녕하세요. 콰이처 택시 회사죠? 제가 아침에 귀사의 택시를 공항으로 불러서 탔는데, 제 여행 가방을 택시에 두고 내렸습니다. 안에 굉장히 중요한 물건이 있어요. 저를 위해 호텔로 보내 주실 수 있을까요? 저는 저우징이고 춘텐 호텔 1218호에 묵고 있습니다. 제 휴대전화 번호는 18515055950입니다.

✿ Unit 10 ✿

회화

A 안녕하세요, 말씀 좀 물을게요. 언제 탑승을 시작하나요?

B 죄송합니다. 비행기가 연착되었습니다.

A 얼마나 늦어질까요?

B 한 시간입니다.

A 선생님, 저 좀 도와주실 수 있을까요?
제 남자 친구가 33A에 앉아 있는데 자리를 바꿀 수 있을까요?

B 네, 문제없습니다.

A 감사합니다.

B 별말씀을요.

A 선생님, 우리 비행기가 곧 이륙합니다. 앉아 주시기 바랍니다.

B 죄송합니다. 말씀 좀 묻겠습니다. 언제 베이징에 도착하죠?

A 오후 3시에 베이징에 도착합니다.

B 감사합니다. 공항에서 인민폐 환전이 가능한가요?

A 가능합니다.

단문

첸 비서, 저는 리둥입니다. 제 항공편이 지연되었기 때문에 언제 이륙할지 모르겠습니다. 그래서 비행편을 바꿔서 우선 비행기를 타고 나중에 기차로 갈아타기로 했습니다. 저는 1월 12일 저녁 9시에 베이징에 도착할

것 입니다. 베이징 기차역으로 마중을 나와 주세요. 감사합니다.

✿ Unit 11 ✿

회화

A 내일 괜찮으세요? 우리 만나는 게 어때요?

B 내일 토요일이라 괜찮아요. 우리 오후 2시에 하오여우 식당에서 만날까요?

A 좋아요.

A 당신이 왕칭이군요. 만나 뵙게 되어 반갑습니다. 귀사의 리밍에게 자주 이야기 들었습니다. 저는 장진입니다.

B 만나서 반갑습니다. 리밍에게 듣기로 당신도 영업을 하신다고요?

A 네. 당신은 영업을 하신 지 몇 년 되셨어요?

B 저는 일한 지 7년 되었습니다. 당신은요?

A 당신보다 조금 기네요. 곧 10년입니다. 이건 제 명함이에요.

B 이건 제 명함입니다. 시간 나시면 자주 연락합시다.

A 미스터 리, 좋은 아침입니다. 저는 마케팅팀에서 온 왕칭입니다.

B 안녕하세요. 저희 사장님께 말씀 많이 들었습니다. 만나 뵙게 되어 반갑습니다!

A 만나 뵙게 되어 반갑습니다. 저희가 같이 일하게 될 것 같네요.

B 그렇네요. 제가 아직 이쪽 상황을 이해하지 못했습니다. 괜찮으시면 소개 좀 해 주시겠어요?

A 좋습니다. 앉으세요.

단문

모두들 만나 뵙게 되어 반갑습니다! 간단히 제 소개를 하겠습니다. 저는 마케팅팀에서 팀장을 맡아 2000년부터 지금까지 쭉 마케팅팀을 관리한 지 15년이 되었습니다. 오늘부터 제가 인사팀을 맡아 여러분들과

함께 일하게 되었습니다. 이건 저에게 새로운 시작입니다. 저는 인사팀 일에 대해 아직 잘 모르고 인사팀의 운영에 대해서도 잘 모릅니다. 모두 저에게 많은 도움을 주시기 바랍니다. 모두들 감사합니다!

* Unit 12 *

회화

A 샤오왕, 여기는 금연 구역입니다.

B 죄송합니다. 제가 못 봤네요.

A 이런 습관은 몸에 좋지 않아요. 담배를 조금만 피우시죠.

B 맞아요, 당신 말 들을게요. 건강을 위해 내일부터 피지 않겠습니다!

A 샤오원, 벌써 10시예요. 어떻게 아직도 일하고 있어요?

B 최근에 회사에 행사가 많아서 회사에서 다 못해요.

A 하지만 이틀 전에 열이 있었고, 이제 막 조금 좋아졌잖아요. 의사가 휴식을 충분히 취하랬어요.

B 하지만 이 일은 저에게 굉장히 중요해서요.

A 젊은 사람에게 건강과 일은 모두 중요하죠. 의사 말을 들어야 몸이 빨리 좋아져요.

A 샤오장, 요즘에도 중국어 배우고 있나요?

B 네. 하지만 저한테 중국어는 너무 어려워요. 조금 배우기 싫어졌어요.

A 저한테는 중국어 배우는 건 쉬워요. 가장 중요한 것은 좋은 방법 하나를 선택하는 거예요. 제가 볼 때 가장 좋은 방법은 중국인과 이야기하는 거예요. 가끔 제가 이상하게 말해도 그들은 비웃지 않아요.

B 중국인과 이야기하는 것 외에 다른 좋은 방법이 있나요?

A 제 생각에는 신문 보고 기사를 읽는 것도 괜찮은 것 같아요.

단문

우리 회사와 리 사장 회사의 주요 상품은 모두 카메라입니다. 올해 그들 회사의 상품이 우리 회사보다 더 잘 팔렸습니다. 리 사장은 우리에게 일부 경험들을 소개해 주었습니다. 첫째, 상품의 품질과 가격이 매우 중요합니다. 상품의 품질이 좋고 가격이 싸야 고객이 좋아합니다. 둘째, 좋은 상품 소개가 마케팅의 관건입니다. 셋째, 고객서비스는 반드시 잘해야 합니다. 저는 이런 건의들이 저희에게 큰 도움이 된다고 생각합니다.

* Unit 13 *

회화

A 당신 샤오원의 메일 받았어요?

B 받았어요. 메일에서 먹을 거나 마실 거를 가져갈 수 있다고 해요. 당신은 뭐 가져가실 거예요?

A 저는 음료수 가져가려고요. 당신은요?

B 음료수는 너무 무거워요. 차가 없으신데 제가 가져갈게요.

A 그것도 좋죠. 그럼 제가 먹을 걸 가져갈게요. 이건 가벼우니까요.

파티 당일 날

B 샤오원, 오늘 모임에 많은 사람이 왔네요!

C 네, 저도 생각 못했네요. 많이 드셨어요?

B 배불러요. 오늘 요리 정말 맛있네요.

C 그럼 됐어요. 오늘 피곤하기는 하지만 많은 동료들을 알게 되었어요.

B 그럼 된 거죠!

A 가오 사장님, 우리 회사의 행사는 다음 달 30일입니다. 이건 저희가 필요한 것들입니다. 한번 보세요.

B 과일 200인분과 음료 15상자…… 전부 몇 명이 참가하나요?

A 그건 저도 잘 모르겠습니다. 대략 180명입니다.

B 제 생각에 음료수가 부족할 것 같아요. 25상자면 좋겠어요. 충분할 거예요.

A 네. 우리 또 다른 것도 살펴보죠.

본문 해석

단문

　중국인에게 춘절은 가장 중요한 명절입니다. 매년 춘절 전, 회사는 커다란 모임을 열고 모든 부서의 직원들을 참가하게 합니다. 다음 주 화요일이 바로 올해 춘절이라서 오늘 CTI 회사에 모임이 있습니다. 각 부서의 팀장과 직원 외에 일부 외국 고객들도 옵니다. 행사에는 많은 중국의 유명한 간식이 있고 다양한 차와 다른 맛있는 음료들이 있습니다. 외국 고객들도 모두 좋아하고 회사의 직원들도 모두 매우 기쁘게 대화를 나눕니다.

* Unit 14 *

회화

A 안녕하세요! 말씀 좀 묻겠습니다.
　장 사장님 돌아오셨나요? 우리가 3시에 회담을 하기로 했는데 지금 3시 5분 전이네요.
B 장 사장님 일정이 꽉 차서 앞 회담이 아직 끝나지 않았습니다. 여기서 조금만 기다려 주세요.
A 네. 제가 사장님 봤습니다. 여기로 오시네요.

A 가오 사장님 돌아가셨어요?
B 네, 이미 돌아오셨다가 방금 또 나가셨습니다.
A 오늘 오전에 회의하러 오셨다가 서류철 하나를 이쪽에 두고 가셨어요.
　만약 시간 있으시면 와서 가져가실래요?
A 네, 제가 지금 가겠습니다.

A 리 비서, 잠깐 올라와 보세요.
B 네, 왕 사장님, 지금 바로 올라가겠습니다.
A 리 비서, 제가 요청한 팩스는 어디 있나요?
B 제가 빨간색 서류철에 넣어 두었습니다. 사장님 책상 위요.
A 맞다, 샤오장 먼저 들어오라고 하세요. 그가 좋은 소식을 제게 보고한다고 하네요.
B 네, 제가 먼저 내려가고 잠시 후에 다시 올라오겠습니다.

A 네, 제가 잠시 후에 전화하겠습니다.

단문

　저는 CTI 회사의 비서입니다. 저는 이 일을 좋아하지만 어떤 때는 일이 조금 많습니다. 오전 9시에 첸 사장님이 저에게 회의하러 올라가라고 했습니다. 회의가 끝난 후, 저는 또 나가서 차에 기름을 넣었습니다. 돌아온 지 얼마 되지 않아 광고팀의 샤오왕이 저를 찾아서 내려와 저에게 보고서를 몇 부 프린트하게 했습니다. 막 마치고 나니 성이 저우라는 사람이 첸 사장님을 찾으러 왔습니다. 첸 사장님은 발표 중이라 제가 들어가서 알렸습니다. 잠시 후에 첸 사장님이 발표를 마치고 나와 미스터 저우와 반 시간 동안 이야기하고서야 회담이 끝났습니다. 마침내 퇴근할 수 있게 되었습니다!

* Unit 15 *

회화

A 나가시려고요?
B 네, 생산팀에 문제들이 생겨서요. 제가 가서 문제를 해결하려고요.
A 오후에 비가 올 것 같은데 우산 가져가세요.
B 네. 감사합니다.

A 우리 이 서류를 완성해야 해요.
B 언제까지 고객에게 줘야 하나요?
A 다음 주 월요일 전에 서류를 고객에게 보내야 해요. 어려울까요?
B 아마 문제없을 겁니다. 수요일에 저에게 다시 한번 알려 주세요.
A 고객의 요구는 분명하게 알고 계신가요?
B 걱정 마세요. 고객이 요구한 대로 하겠습니다.

A 샤오왕, 편지 보냈나요?
B 아직요. 막 다 썼어요.
A 오늘 오후에 보낼 수 있나요?

B 있을 거예요. 그런데 제가 미스터 리의 주소를 잊어 버렸어요. 저한테 주실 수 있나요?

A 네, 그런데 제가 펜을 안 가져왔네요. 제가 잠시 후에 주소를 당신 메일로 보낼게요.

단문

오늘은 일요일이라 저는 출근하지 않았습니다. 오전에 저는 집에서 우선 문을 수리한 후에 마트에 가서 내일 필요한 과일을 샀습니다. 돌아온 후에 저는 물건들을 테이블에 두고 밥을 했습니다. 밥을 다 먹고 샤오리에게 쓴 편지를 부쳤습니다. 저녁 식사 전에 저는 리 사장님이 필요한 서류를 그의 이메일로 보낸 후에 내일 회의 때 필요한 보고서를 다 읽었습니다. 오늘 비록 출근할 필요는 없었지만 그래도 피곤한 것 같습니다.

• Unit 01 •

회화 연습

STEP 1 1 谢谢您。 － 别客气。

2 我今天的日程是…… － 中午，李经理请您吃饭，下午在公司和李经理开会。

3 您想去走走吗? － 不用了，谢谢。

단문 연습

STEP 1 1 X 李先生11月15号十点到中国。

2 V

3 X 李先生11月16号可以休息。
李先生11月17号回国。

STEP 2 1 他11月16号没有安排，可以休息一下。

2 他坐早上11点的飞机回来。

3 他在中国住宾馆。

종합 연습

1 (1) C　(2) A

🎧 녹음

(1) A 我是CTI公司的张欢，李经理让我来接您。

B 真是太感谢了。

(2) A 可以走了吗? 外边有辆车在等我们。

B 好的，谢谢。

2 (1) B　(2) A

🎧 녹음

(1) A 我们先去宾馆。我在车上告诉您今天的日程。

B 好的。

질문) 他们先去哪儿?

(2) A 我今天的日程是……

B 中午，李经理请您吃饭，下午在我们公司和李经理开会。

A 非常好，谢谢您。

B 别客气，如果您有什么需要请告诉我。

질문) 下午他们在哪儿做什么?

3 用，日程，夏天，走走，不用

4 (1) 外边有辆车在等我们。

(2) 我会去机场接您。

(3) 如果您想去走走，我可以送您去。

• Unit 02 •

회화 연습

STEP 1 1 今天的安排满意吗? － 非常满意，谢谢您的安排。

2 您需要看医生吗? － 不用，谢谢。

3 你今天有什么安排? － 我打算和朋友一起去唱歌。

단문 연습

STEP 1 1 V

2 X 张经理问他下周愿意不愿意一起出差。

3 X 王秘书可能会把下周的重要事情，安排到下下周。

STEP 2 1 他让王秘书安排三件事情。

2 他们最重要的客户是CTI公司。

3 他愿意跟张经理一起出差。

종합 연습

1 (1) B　(2) A

🎧 녹음

(1) A 你今天有什么安排?

B 我打算和朋友一起去唱歌。

(2) A 我想请您吃饭。

B 谢谢您的邀请，但是我有点儿不舒服，还是不去了。

2 (1) B　(2) C

🎧 녹음

(1) A 春天来了，你愿意跟我们一起去走走吗？
　　B 我愿意，什么时候去？
　　질문) 他们打算做什么？

(2) A 我想请你吃饭。
　　B 那太好了，谢谢您的邀请。
　　A 我晚上7点去宾馆接您。
　　B 好的，明天见。
　　질문) 他们什么时候见面？

3 安排，邀请，还是，看医生，打电话

4 (1) 给我安排一下这些事情。
　(2) 您安排得很好。
　(3) 如果有重要的事情，请安排到下下周。

* Unit 03 *

회화 연습

STEP 1　1 什么时候去？ － 我打算冬天去。
　　　　2 明年可以做十个新产品吗？
　　　　　 － 请让我想想。
　　　　3 你先去日本，然后去韩国？
　　　　　 － 对，这样飞机票最便宜。

단문 연습

STEP 1　1 V
　　　　2 X 十二月里没什么事情，不太忙。
　　　　3 X 明年他计划去美国旅游。

STEP 2　1 他明天12月里没什么事情，可以休息。
　　　　2 去年他去了韩国。
　　　　3 他今年去了日本。

종합 연습

1 (1) A　　(2) B

🎧 녹음

(1) A 小王，我看了你的工作计划。
　　B 经理，有什么问题吗？

(2) A 今年还有计划去旅游吗？
　　B 有，今年计划去日本。

2 (1) A　　(2) C

🎧 녹음

(1) A 我觉得太少，明年可以做十个新产品吗？
　　B 请让我想想。
　　질문) 女的明年想做几个新产品？

(2) A 今年还有计划去旅游吗？
　　B 有，去年秋天去了韩国，今年计划去日本。
　　A 什么时候去？
　　B 我打算冬天去。
　　질문) 女的打算什么时候去日本？

3 计划，怎么样，便宜，但是，只要

4 (1) 今年做得太多了。
　(2) 请让我想想。
　(3) 明年我计划去美国旅游。

* Unit 04 *

회화 연습

STEP 1　1 您好，请问是王欢小姐吗？ － 是的，您是哪位？
　　　　2 您的行李箱已经找到了。 － 真的吗？太好了。
　　　　3 什么通知？ － 会议安排到明天上午了。

STEP 3　1 人事部门，经理

단문 연습

STEP 1 1 X 他们公司10月1号到10月7号放假。
2 V
3 V

STEP 2 1 放假通知和关于员工大会的通知。
2 每位员工都要参加。
3 在6层的会议室。

종합 연습

1 (1) B   (2) C

🎧 녹음

(1) A 您的行李箱已经找到了。
B 真的吗? 太好了。
(2) A 请下周一到我们公司来上班。
B 太好了, 谢谢您。

2 (1) B   (2) B

🎧 녹음

(1) A 小张, 看到通知了吗?
B 什么通知?
A 李北下个月就是我们部门的新经理了。
B 真的吗? 我去看看。
질문) 李北下个月当什么了?
(2) A 李经理, 您好, 您没有接到通知吗?
B 通知? 什么通知?
A 会议安排到明天上午了。
B 真抱歉, 我忘记了, 明天见。
질문) 会议安排到什么时候了?

3 哪位, 通知, 行李箱, 真的吗, 可以

4 (1) 请你写两个通知。
(2) 会议安排到明天上午了。
(3) 第二个通知是关于员工大会的。

✳ Unit 05 ✳

회화 연습

STEP 1 1 你们有什么优惠吗? — 有, 您看看这个, 现在打六折, 只要八千元。
2 这件怎么样? — 我想试一试。
3 在哪儿付款? — 这边请。

STEP 3 1 打七折

단문 연습

STEP 1 1 X 星期二电视六折, 星期三照相机七折。
2 V
3 X 星期六咖啡买一送一。

STEP 2 1 星期一水果打折。
2 电子产品星期二到星期四打折。
3 星期六咖啡买一送一。

종합 연습

1 (1) C   (2) A

🎧 녹음

(1) A 我想去韩国玩儿, 现在去合适吗?
B 合适, 现在韩国是秋天, 非常漂亮。
(2) A 这里可以复印文件吗?
B 可以, 先生, 您要复印什么?

2 (1) B   (2) B

🎧 녹음

(1) A 这些文件, 每张复印10份。
B 好, 您要等15分钟。
질문) 要等多长时间?
(2) A 欢迎光临。
B 您好, 我要买一件白色的衬衫。
A 这件怎么样?
B 我想试一试。
질문) 女的要买什么颜色的衬衫?

3 优惠，打，只要，付款，请

4 (1) 我想试一试。
(2) 欢迎光临本店，本周优惠多多。
(3) 星期六咖啡买一送一。

✳ Unit 06 ✳

회화 연습

STEP 1 **1** 您的电脑怎么了？－ 不能打印了。
2 空调坏了，请派人来修理一下。
－ 好的，我马上派人去。
3 我来检查一下。－ 麻烦你了。

STEP 3 **1** 车胎爆了。不能开车了。

단문 연습

STEP 1 **1** X 他的办公室空调坏了，办公室很热。
2 X 他的电脑不能打印。
3 V

STEP 2 **1** 因为办公室的空调坏了。
2 电脑不能打印。
3 他让秘书派人来修理一下空调和电脑。

종합 연습

1 (1) B　(2) A

🎧 녹음
(1) A 您的电脑怎么了？
B 不能打印了。
(2) A 我们公司的空调坏了，请派人来修理
一下。
B 好的，我马上派人去。

2 (1) B　(2) C

🎧 녹음
(1) A 您的电脑怎么了？
B 不能打印了。
A 我来检查一下。
B 麻烦你了。
질문) 电脑怎么了？
(2) A 您好，已经修理好了。请您检查一下。
B 好的，没问题了，谢谢。
A 请您在这儿签一下您的名字。
B 好的，给您。
질문) 修好了以后，女的要做什么？

3 坏，检查，进，修理，没问题

4 (1) 如果再有问题，请给我们打电话。
(2) 请您在这儿签一下您的名字 。
(3) 请派人来修理一下 。

✳ Unit 07 ✳

회화 연습

STEP 1 **1** 您是做什么工作的？－ 我在医院工作，
是一个医生。
2 我要做些什么？－ 你的工作主要是接电话。
3 有问题吗？－ 没问题。

STEP 3 **1** 她在学校工作，是一个老师。

단문 연습

STEP 1 **1** V
2 X 她们公司一直有很多中国的客户。
3 V

STEP 2 **1** 她的工作主要是安排经理的日程。
2 因为他们公司有很多中国的客户。
3 明年她会去中国工作。

모범 답안 및 녹음 대본

종합 연습

1 (1) B   (2) A

🔊 녹음

(1) A 您是做什么工作的?

B 我在医院工作，是一个医生。

(2) A 我要做些什么?

B 你的工作主要是安排李经理的日程。

2 (1) A   (2) C

🔊 녹음

(1) A 高小姐，今天是你第一天上班，我来
跟你说说你的工作。

B 好的，我要做些什么?

A 你的工作主要是接电话，如果要找的
人不在，你要记录留言。

B 好的，我知道了。

질문) 高小姐的工作主要是什么?

(2) A 钱先生，我来跟你说说你的工作。

B 好的，我要做些什么?

A 你的工作主要是见客户，向他们介绍我
们的产品。

B 好的，我知道了。

질문) 钱先生的工作主要是什么?

3 跟，主要，接，记录，没问题

4 (1) 因为我们公司一直有很多中国的客户，所
以朋友们建议我学习汉语。

(2) 我来跟你说说你的工作。

(3) 我觉得这是一个新的开始。

✳ Unit 08 ✳

회화 연습

STEP 1 **1** 您有什么建议吗? — 只有绿色的和黄色
的，颜色有点儿少。

2 新产品进行得怎么样了? — 我们正在按
照计划进行。

3 这个会议是关于什么的? — 这个会议是
关于新产品的。

단문 연습

STEP 1 **1** V

2 V

3 X 新产品质量好，价格便宜。

STEP 2 **1** 他们公司的新产品。

2 新产品的质量好。

3 新产品的价格便宜。

종합 연습

1 (1) C   (2) B

🔊 녹음

(1) A 您有什么意见和建议吗?

B 只有绿色的和黄色的，颜色有点儿少。

(2) A 完成多少了?

B 我们已经完成一半了。

2 (1) B   (2) C

🔊 녹음

(1) A 新产品进行得怎么样了?

B 我们正在按照计划进行。

A 完成多少了?

B 我们已经完成一半了。

질문) 产品完成得怎么样?

(2) A 李秘书，我打算周四下午开个会。请
你安排一下。

B 这个会议是关于什么的?

A 这个会议是关于新产品的，非常重要。

질문) 这个会议是关于什么的?

3 怎么样，产品介绍，意见，只有，颜色

4 (1) 我们正在按照计划进行。
(2) 我觉得您一定会喜欢这些新产品。
(3) 很高兴能向您介绍我们公司的新产品。

* Unit 09 *

회화 연습

STEP 1 **1** 这个表怎么填？ – 你在这里写要买的东西。
2 你觉得我带什么礼物合适。 – 中国人喜欢带点儿茶、水果什么的。
3 这个表应该交给谁？ – 交给张秘书就可以了。

단문 연습

STEP 1 **1** V
2 X 他把行李箱忘在出租在车上了。
3 X 行李箱里面有很重要的东西。

STEP 2 **1** 他请出租车公司把行李箱送到宾馆。
2 他把东西忘在出租车上了。
3 他住在春天宾馆1218房间，手机号码是18515055950。

종합 연습

1 (1) B　　(2) C

🎧 녹음
(1) A 这个表格怎么填？
B 我来看一下。
(2) A 小李，能帮我们照张相吗？
B 行，给我照相机。

2 (1) B　　(2) C

🎧 녹음
(1) A 帮个忙，好吗？
B 行，我能帮你做什么？
A 我要去邮局，但是东西很多，你能和我一起去吗？
B 可以，我帮你。
질문) 男的要去哪儿？
(2) A 高先生，能帮我一下吗？这个表格怎么填？
B 我来看一下，你在这里写要买的东西，这里写买多少，这里签上名字就可以了。
A 谢谢，这个表格应该交给谁？
B 交给张秘书就可以了。
질문) 表格应该交给谁？

3 帮，让，安排，通知，需要

4 (1) 你觉得我带什么礼物适合？
(2) 我早上叫了一辆你们公司的出租车去机场接我。
(3) 我的行李箱忘在出租车上了。

* Unit 10 *

회화 연습

STEP 1 **1** 很抱歉，航班晚点了。 – 会晚多久？
2 请问什么时候到北京？ – 下午三点到达北京。
3 可以和您换一下吗？ – 可以，没问题。

STEP 3 **1** 中午十二点到达北京。

단문 연습

STEP 1 **1** X 李冬的航班晚点，不知道什么时候起飞。
2 X 李冬计划先坐飞机，然后换火车。
3 V

모범 답안 및 녹음 대본

STEP 2 1 他会在北京。
2 因为他坐的航班晚点，不知道什么时候起飞。
3 钱秘书。

종합 연습

1 (1) A (2) C

🎧 녹음

(1) A 您好，请问什么时候开始登机？
B 很抱歉，航班晚点了。
(2) A 我的男朋友坐在33A，可以和您换一下吗？
B 可以，没问题。

2 (1) B (2) C

🎧 녹음

(1) A 您好，请问什么时候开始登机？
B 很抱歉，航班晚点了。
A 会晚多久？
B 一个小时。
질문) 航班晚点多久？
(2) A 先生，我们的飞机就要起飞了，请您坐好。
B 很抱歉，什么时候到北京？
A 下午三点到达北京。
B 谢谢。
질문) 什么时候到达北京？

3 就要，坐好，抱歉，到达，换

4 (1) 我们的飞机就要起飞了。
(2) 请问机场里可以换人民币吗？
(3) 因为我坐的航班晚点，不知道什么时候起飞。

＊ Unit 11 ＊

회화 연습

STEP 1 1 你明天方便吗？ － 明天星期六，方便。
2 你做销售工作几年了？ － 我工作七年了。
3 这是我的名片。 － 这是我的名片，有空多联系。

단문 연습

STEP 1 1 X 从2000年开始管理市场部，一直到今年，工作了15年。
2 V
3 X 他对人事部的工作还不是很了解。

STEP 2 1 他从2000年开始管理市场部。
2 他在市场部工作15年了。
3 从今天开始，他将负责人事部。

종합 연습

1 (1) B (2) C

🎧 녹음

(1) A 你明天方便吗？我们见个面怎么样？
B 明天星期六，方便。
(2) A 这是我的名片。
B 这是我的名片，有空多联系。

2 (1) A (2) C

🎧 녹음

(1) A 听李明说，你也是做销售的？
B 是的。你做销售工作几年了？
A 我工作七年了，你呢？
B 比你长一点儿，快十年了。
질문) 他们做什么工作？
(2) A 早上好，李先生。我是从市场部来的王晴。
B 你好，经常听我们经理提起你。幸会！
A 幸会，我想我们要在一起工作了。
B 是的。
질문) 王晴从哪儿来的？

3 幸会，说起，几年，长，空

4 (1) 我想简单地介绍一下自己。
(2) 这对我来说是一个新的开始。
(3) 我对人事部的工作还不是很了解。

* Unit 12 *

회화 연습

STEP 1 **1** 这里禁止吸烟。－ 不好意思，我没有看到。
2 除了和中国人聊天，你还有别的办法吗？－ 我觉得看报纸读新闻也可以。
3 你怎么还在工作？－ 最近公司活动太多了，在公司做不完。

STEP 3 **1** 禁止使用手机。
2 禁止拍照。

단문 연습

STEP 1 **1** X 他们公司和李经理的公司的主要产品都是照相机。
2 V
3 X 他认为，李经理的建议对他们的帮助很大。

STEP 2 **1** 他们公司和李经理的公司的主要产品都是照相机。
2 质量好，价格便宜。
3 李经理向他们介绍了一些经验。

종합 연습

1 (1) C　(2) A

🎧 녹음
(1) A 这个习惯对身体不好，你还是少吸点儿吧。
B 对，听你的，为了健康，我明天就不吸了。
(2) A 小文，已经十点了，你怎么还在工作？
B 最近公司活动太多了，在公司做不完。

2 (1) C　(2) B

🎧 녹음
(1) A 小张，最近还在学汉语吗？
B 是啊。但是对我来说，汉语太难了，我有点儿不想学了。
질문) 对小张来说，汉语学得怎么样？
(2) A 小文，已经十点了，你怎么还在工作？
B 最近公司活动太多了，在公司做不完。
A 但是你前两天发烧了，刚好了一点儿，医生让你多休息。
B 但是这份工作对我来说非常重要。
질문) 小文前两天身体怎么了？

3 容易，选择，奇怪，报纸，试

4 (1) 产品的质量和价格非常重要。
(2) 他们公司的产品卖得比我们公司好。
(3) 这些建议对我们的帮助很大。

* Unit 13 *

회화 연습

STEP 1 **1** 你要带什么？－ 我想带饮料。
2 今天聚会来了好多人啊！－ 是啊，我也没想到。
3 一共有多少人参加？－ 这我可说不准，大概180人。

단문 연습

STEP 1 **1** X 对中国人来说，春节是最重要的节日。
2 V
3 X 下周二就是今年的春节。

STEP 2 **1** 各部门的经理和员工，一些外国客户也参加。
2 聚会上有很多中国有名的小吃，还有很多种茶和其他好喝的饮料。
3 外国客户都很喜欢这个活动。

모범 답안 및 녹음 대본

종합 연습

1 (1) A　(2) B

🎧 녹음
> (1) **A** 你收到小文的电子邮件了吗?
>　　**B** 收到了，邮件说大家可以带吃的或者喝的去，你要带什么?
>　　**A** 我想带饮料。
> (2) **A** 你吃饱了吗?
>　　**B** 饱了，今天的菜真好吃。

2 (1) B　(2) C

🎧 녹음
> (1) **A** 高经理，我们公司的活动是下个月30号。这是我们需要的东西，请您看一下。
>　　**B** 好的。
>　　질문) 公司的活动什么时候开的?
> (2) **A** 水果200份，饮料15箱……一共有多少人参加?
>　　**B** 这我可说不准，大概180人。
>　　질문) 这次聚会多少人参加?

3 没想到，饱，好吃，累，认识

4 (1) 对中国人来说，春节是最重要的节日。
　(2) 除了各部门的经理和员工，一些外国客户也来了。
　(3) 我觉得饮料可能不够。

💬 **Unit 14**

회화 연습

STEP 1　**1** 高经理回去了吗? － 对，他已经回来了。
　2 李秘书，请你上来一下。 － 好的，我现在就上去。
　3 我要的传真在哪儿? － 我放到那个红色的文件家里了。

STEP 3　**1** 你快进来吧。
　2 我们进去看看吧。

단문 연습

STEP 1　**1** X 她是CTI公司的秘书。
　2 V
　3 X 广告部的小王下来找她，让她打印几份报告。

STEP 2　**1** 有一位姓周的先生来找钱经理。
　2 上午九点，钱经理让我上去开会。
　3 她很喜欢这份工作。

종합 연습

1 (1) C　(2) B

🎧 녹음
> (1) **A** 您好! 请问，张经理回来了吗? 我们说的三点开始谈判，现在差五分三点。
>　　**B** 张经理日程很满，上一个谈判还没完呢，请您在这儿等一会儿。
> (2) **A** 李秘书，我要的传真在哪儿?
>　　**B** 我放到那个红色的文件夹里了，在您的桌子上。

2 (1) B　(2) A

🎧 녹음
> (1) **A** 您好，张经理回来了吗? 我们说的三点开始谈判，现在差五分三点。
>　　**B** 张经理日程很满，上一个谈判还没完呢，请您在这儿等一会儿。
>　　질문) 现在几点?
> (2) **A** 今天上午王经理来开会，忘了一个文件夹在我这儿。如果你有时间，就过来一趟取一下，好吗?
>　　**B** 好的，我现在就过去。
>　　질문) 王经理忘带了什么?

3 上来，上去，放，桌子，报告

4 (1) 钱经理让我上去开会。
　　(2) 他有好消息要向我报告。
　　(3) 终于可以下班了！

✳ Unit 15 ✳

회화 연습

STEP 1 **1** 下午可能有雨，你把伞带着吧。 — 好的，谢谢你。
　　2 什么时候给客户？ — 下周一前要把文件发给客户。
　　3 你清楚客户的要求吗？ — 别担心，客户怎么要求我们怎么做。

단문 연습

STEP 1 **1** V
　　2 V
　　3 X 今天她虽然不用上班，但是还是觉得很累。

STEP 2 **1** 今天她没有上班。
　　2 她把写给小李的信寄了出去。
　　3 她在超市买水果了。

종합 연습

1 (1) A　　(2) C

🎧 녹음
(1) A 下午可能有雨，你把伞带着吧。
　　B 好的，谢谢你。
(2) A 我把李先生的地址忘了，您能给我吗？
　　B 可以，但是我没有带笔，我一会儿把地址发到你的电子邮箱吧。

2 (1) B　　(2) C

🎧 녹음
(1) A 你要出去吗？
　　B 是的，生产部有些麻烦，我要去把问题解决一下。
　질문) 男的要去哪儿？
(2) A 今天下午能把信寄出去吗？
　　B 可以吧。但是我把李先生的地址忘了，您能给我吗？
　　A 可以，但是我没有带笔，我一会儿把地址发到你的电子邮箱吧。
　질문) 女的需要谁的地址？

3 文件，困难，应该，提醒，清楚

4 (1) 我在家先把门修理好了，然后去了一趟超市。
　　(2) 我把写给小李的信寄了出去。
　　(3) 今天虽然不用上班，但是我还是觉得很累。

본문 단어 색인

合适	héshì	58(5과)	客户	kèhù	22(2과)
坏	huài	70(6과)	空调	kōngtiáo	70(6과)
换	huàn	118(10과)	困难	kùnnan	179(15과)
黄色	huángsè	95(8과)			
会	huì	86(7과)			
活动	huódòng	143(12과)			
或者	huòzhě	155(13과)			

본문 단어 색인

중국어뱅크

똑똑한 중국어 말하기 훈련 프로그램

스마트 스피킹 중국어

张洁 저 김현철·박응석 편역

3

워크북

똑똑한 중국어 말하기 훈련 프로그램

스마트 스피킹 중국어

张洁 저 김현철·박응석 편역

3

워크북

 동양북스

STEP 1 간체자 쓰기

| 日程
rìchéng
명 일정 | 日 冂 日 日 / 程 程 程 程 程 程 程 程 程 程 程 程 ||||
| 日程
rìchéng | 日程
rìchéng | | |

| 如果
rúguǒ
접 만약 | ⟨ 女 女 如 如 如 / 果 果 果 果 果 果 果 果 ||||
| 如果
rúguǒ | 如果
rúguǒ | | |

| 夏天
xiàtiān
명 여름 | 百 夏 夏 夏 夏 夏 夏 夏 / 天 天 天 天 ||||
| 夏天
xiàtiān | 夏天
xiàtiān | | |

STEP 2 들으면서 따라 쓰기

🎧 W01-01

회화

A 可以走了吗？外边有辆车在等我们。

B 好的，谢谢。

A 我们先去宾馆。我在车上告诉您今天的日程。

B 好的。

A 请上车。

B 好，我今天的日程是……

A 中午，李经理请您吃饭，下午在我们公司和李经理开会。

B 非常好，谢谢您。

A 别客气，如果您有什么需要请告诉我。

A 钱先生，请用茶。

B 谢谢您，张小姐，请问我明天的日程是什么？

A 现在是夏天，北京很漂亮，您想去走走吗？

B 不用了，谢谢。我想去见一个朋友。

A 您需要用车吗？

B 不用，谢谢。

🎧 W01-02

단문

　　李先生，我来介绍一下您在中国的日程。您的飞机是11月15号10点到，我会去机场接您。我给您订了房间，我先送您去宾馆。中午钱经理请您吃饭，下午在我们公司开会。11月16号您可以休息一下，如果您想去走走，我可以送您去。您的飞机是11月17号早上11点的，我早上8点去接您，送您去机场。您看这样的日程可以吗？如果您有什么需要，请告诉我，别客气。

🎧 W01-03
회화

A

🔹**Hint** Kěyǐ zǒu le ma? Wàibian yǒu liàng chē zài děng wǒmen.

B

Hǎo de, xièxie.

A

Wǒmen xiān qù bīnguǎn. Wǒ zài chē shang gàosu nín jīntiān de rìchéng.

B

Hǎo de.

A

Qǐng shàng chē.

B

Hǎo, wǒ jīntiān de rìchéng shì……

A

Zhōngwǔ, Lǐ jīnglǐ qǐng nín chī fàn, xiàwǔ zài wǒmen gōngsī hé Lǐ jīnglǐ kāihuì.

B

Fēicháng hǎo, xièxie nín.

A

Bié kèqi, rúguǒ nín yǒu shénme xūyào qǐng gàosu wǒ.

A

🔹**Hint** 미스터 첸, 차 드세요.

B

감사합니다. 미스 장, 물어볼 게 있는데요. 내일 제 일정은 무엇인가요?

A

지금 여름이라 베이징이 매우 아름답습니다. 외출하고 싶으세요?

B

아니에요. 감사해요. 저는 친구를 만나려고요.

A

차가 필요하신가요?

B

필요하지 않습니다. 감사합니다.

STEP 4 빈칸 채우기

단문

		李	先	生	，	我	来	介	给	一	下	您	在	中	国
的			。	您	的	飞	机	是	11	月	15	号	10	点	到，
我	会	去	机	场		您	。	我	给	您		了	房	间	，
我		送	您	去	宾	馆	。	中	午	钱	经	理	请	您	吃
饭	，	下	午	在	我	们	公	司			。	11	月	16	号
您	可	以	休	息	一	下	，	如	果	您	想	去	走	走	，
我	可	以		您	去	。	您	的	飞	机	是	11	月	17	号
早	上	11	点	的	，	我	早	上	8	点	去	接	您	，	送
您	去	机	场	。	您	看	这	样	的			可	以	吗	？
如	果	您	有	什	么	需	要	，	请			我	，	别	客
气	。														

Hint 리 선생님, 제가 중국에서의 일정을 알려 드리겠습니다. 당신의 비행기는 11월 15일 10시에 도착합니다. 제가 공항으로 마중 나갈 것입니다. 제가 방을 예약해서 우선 호텔로 모시고 갈 것입니다. 점심에 첸 사장님이 식사에 초대하셨고, 오후에 우리 회사에서 회의를 합니다. 11월 16일에는 잠시 쉬실 수 있습니다. 만약 외출하고 싶으시면 제가 모셔다 드릴 수 있습니다. 당신의 비행기는 11월 17일 아침 11시입니다. 제가 아침 8시에 모시러 가서 공항으로 바래다 드릴 겁니다. 보시기에 이 일정이 괜찮으신가요? 만약 필요하신 게 있다면 제게 알려 주시기 바랍니다.

STEP 1 간체자 쓰기

安排
ānpái
통 안배하다,
마련하다, 준비하다

安 安 安 宀 安 安 / 排 扌 排 排 排 排 排 排 排 排 排

安排	安排		
ānpái	ānpái		

满意
mǎnyì
형 만족하다,
만족스럽다

满 满 满 沪 沪 满 满 满 满 满 满 满 满 / 意 意 意 立 立 产 音 音 音 意 意 意

满意	满意		
mǎnyì	mǎnyì		

邀请
yāoqǐng
명 동 초청(하다),
초대(하다)

邀 邀 邀 邀 邀 邀 鱼 鸟 身 象 敫 勊 敫 敫 邀 邀 / 请 讠 讠 讠 讠 请 请 请 请 请

邀请	邀请		
yāoqǐng	yāoqǐng		

STEP 2 들으면서 따라 쓰기

🎧 W02-01

회화

A 你今天有什么安排?

B 我打算和朋友一起去唱歌,你呢?

A 我打算去跑步。

A 今天的安排满意吗?

B 非常满意,谢谢您的安排。

A 您是我们最重要的客户，我们一定要安排好。

B 您安排得很好，谢谢您！

A 您别客气。

A 您明天晚上有什么安排吗？

B 没有。

A 我想请您吃饭。

B 谢谢您的邀请，但是我有点儿不舒服，还是不去了。

A 您需要看医生吗？

B 不用，谢谢。

A 那您在宾馆休息吧，如果需要去看医生，
请给我打电话。

B 好的，谢谢！

 W02-02

단문

　　王秘书，请看看我的日程，给我安排一下这些事情。第一，钱经理邀请我去他们公司开会，请看看哪天我有时间。第二，CTI公司是我们最重要的客户，我要和他们的李经理见面，请给我安排一下。第三，张经理问我下周愿意不愿意跟他一起出差，我想去，下周我不在，我下周的日程是什么？如果有重要的事情，请安排到下下周。

🎧 W02-03

회화

A
_____

🔊Hint Nǐ jīntiān yǒu shénme ānpái?

B
_____

Wǒ dǎsuàn hé péngyou yìqǐ qù chànggē, nǐ ne?

A
_____

Wǒ dǎsuàn qù pǎobù.

A
_____

🔊Hint Jīntiān de ānpái mǎnyì ma?

B
_____

Fēicháng mǎnyì, xièxie nín de ānpái.

A
_____

Nín shì wǒmen zuì zhòngyào de kèhù, wǒmen yídìng yào ānpái hǎo.

B
_____

Nín ānpái de hěn hǎo, xièxie nín!

A
_____

Nín bié kèqi.

A
_____

🔊Hint 당신 내일 저녁에 어떤 일정이 있나요?

B
_____

없어요.

A
_____

제가 식사를 대접하고 싶어요.

B

_____

초대해 주셔서 감사합니다. 그런데 제가 컨디션이 조금 안 좋아서요. 아무래도 가지 않는 게 좋겠어요.

A

_____

진찰을 받아 보시겠어요?

B

_____

아닙니다. 고마워요.

A

_____

그럼 호텔에서 쉬세요. 진찰 받으시려면 저에게 전화하시고요.

B

_____

네, 감사합니다!

STEP 4 빈칸 채우기

단문

王秘书，请看看我的日程，给我一下这些事情。第一，___ 钱经理我去他们公司开会，请看看哪天我有时间。第二，CTI公司是我们最重要的 ___，我要和他们的李经理见面，请给我安排一下。第三，张经理问我 不 ___ 跟他一起出差，我想下周去，下周我不在，我下周的日程是什么？如果有重要的事情，请安排到 ___。

Hint　왕 비서, 제 일정 좀 보고 이 스케줄들 좀 짜 주세요. 첫째, 첸 사장이 저 보고 그의 회사로 와서 회의하자는데, 제가 언제 시간이 있는지 봐 주세요. 둘째, CTI 회사는 우리의 가장 중요한 고객이라 제가 그곳의 리 사장과 만나려는데 일정을 잡아 주세요. 셋째, 장 사장이 저에게 다음 주에 같이 출장을 같이 가겠느냐고 물었고, 저는 가고 싶거든요. 다음 주에 제가 없을 거예요. 저의 다음 주 일정이 뭐죠? 만약 중요한 일이 있다면 다다음 주로 잡아 주세요.

STEP 1 간체자 쓰기

计划 jìhuà 명 계획, 작성, 방안 동 계획하다	计 计 计 计 / 刬 乜 戈 戈 划 划			
	计划 jìhuà	计划 jìhuà		

觉得 juéde 동 ~라고 느끼다, ~라고 여기다	觉 觉 觉 觉 觉 觉 觉 觉 觉 / 得 彳 彳 彳 得 得 得 得 得 得 得			
	觉得 juéde	觉得 juéde		

产品 chǎnpǐn 명 생산품, 제품	产 产 产 产 产 产 / 品 品 品 品 品 品 品 品 品			
	产品 chǎnpǐn	产品 chǎnpǐn		

STEP 2 들으면서 따라 쓰기

🎧 W03-01

회화

A 今年还有计划去旅游吗?

B 有。今年计划日本。

A 什么时候去?

B 我打算冬天去。这是我的计划,你觉得怎么样?

A 你先去日本,然后去韩国?

B 对,这样飞机票最便宜。如果先去韩国,要一万三千块，但是如果先去日本，只要八千块。

A 真便宜！

A 小王，我看了你的工作计划。

B 经理，有什么问题吗？

A 我们公司去年有10个新产品，今年有15个，明年只有8个？

B 对，经理，今年做得太多了。

A 我觉得太少，明年可以做10个新产品吗？

B 请让我想想。

 W03-02

단문

　　我明年的计划是：1月到7月去中国学习汉语，学习的时候每天跑步。然后我要回公司工作。12月里没什么事情，不太忙，可以休息一下。去年我去了韩国，今年去了日本，明年我计划去美国旅游。你觉得怎么样？

W03-03

회화

A

_____

Hint Jīnnián hái yǒu jìhuà qù lǚyóu ma?

B

_____

Yǒu. Jīnnián jìhuà qù Rìběn.

A

_____

Shénme shíhou qù?

B

_____

Wǒ dǎsuàn dōngtiān qù. Zhè shì wǒ de jìhuà, nǐ juéde zěnmeyàng?

A

_____

Nǐ xiān qù Rìběn, ránhòu qù Hánguó?

B

_____

Duì, zhèyàng fēijīpiào zuì piányi.

_____

Rúguǒ xiān qù Hánguó, yào yíwàn sānqiān kuài, dànshì rúguǒ xiān qù Rìběn,

_____

zhǐ yào bāqiān kuài.

A

_____

Zhēn piányi!

A
　
Hint 샤오왕, 업무계획서 봤어요.

B
　
사장님, 무슨 문제가 있나요?

A
　
우리 회사가 작년 신상품이 10개, 올해 15개인데 내년에는 8개밖에 없나요?

B
　
맞습니다. 사장님, 올해 매우 많았습니다.

A
　
제 생각에 너무 적네요, 내년에 신상품 10개를 만들 수 있을까요?

B
　
제가 생각 좀 해 보겠습니다.

STEP 4 빈칸 채우기

단문

		我	明	年	的		是	：	1	月		7	月	去
中	国	学	习	汉	语	，	学	习	的	时	候	每	天	跑	步 。
		我	要	回	公	司	工	作 。	12	月	里	没	什	么
事	情	，	不	太	忙	，	可	以	休	息	一	下	。	
我	去	了	韩	国	，		去	了	日	本	，		我
计	划	去	美	国	旅	游 。	你		怎	么	样	？	

Hint 나의 내년 계획 : 1월부터 7월까지 중국에 가서 중국어 공부하고, 공부할 때는 매일 달리기를 할 겁니다. 그 후에 회사에 돌아와 일할 겁니다. 12월에는 별일 없고 그다지 바쁘지 않아 조금 쉴 수 있습니다. 작년에는 한국에 갔었고, 올해는 일본에 갔는데 내년에는 미국으로 여행을 갈 계획입니다. 당신이 보기에 어떤 것 같나요?

STEP 1 간체자 쓰기

通知 tōngzhī 명동 공지(하다)	通通屑屑涌涌涌通通通通/知知㚤知知知知知			
	通知 tōngzhī	通知 tōngzhī		

关于 guānyú 개 ~에 관해서	关关关兰关关/丁于于			
	关于 guānyú	关于 guānyú		

参加 cānjiā 동 참가하다	参参㐌夫夫夵参参/刀力加加加			
	参加 cānjiā	参加 cānjiā		

STEP 2 들으면서 따라 쓰기

🎧 W04-01

회화

A 小张，看到通知了吗？

B 什么通知？

A 李北下个月就是我们部门的新经理了。

A 您好，请问是王欢小姐吗？

B 是的，您是哪位？

A 这里是机场，通知您一下，您的行李箱已经找到了。

B 真的吗？太好了，我现在可以去取吗？

A 可以，我们的办公室在2号楼1103。

A 王秘书，您好，我们是3点开会吗？

B 李经理，您好，您没有接到通知吗？

A 通知？什么通知？

B 会议安排到明天上午了。

A 真抱歉，我忘记了，明天见。

B 明天见。

　　张秘书，请你写两个通知。第一个通知是放假通知，我们10月1号到10月7号放假，通知一下。第二个通知是关于员工大会的，每位员工都要参加。会议安排在下周五，9月15号，在六层的会议室，一定要通知到每位员工。

🎧 W04-03

회화

A
_____

Hint Xiǎo Zhāng, kàndào tōngzhī le ma?

B
_____

Shénme tōngzhī?

A
_____

Lǐ Běi xià ge yuè jiù shì wǒmen bùmén de xīn jīnglǐ le.

A
_____

Hint Nín hǎo, qǐngwèn shì Wáng Huān xiǎojiě ma?

B
_____

Shì de, nín shì nǎ wèi?

A
_____

Zhèlǐ shì jīchǎng, tōngzhī nín yíxià, nín de xínglixiāng yǐjīng zhǎodào le.

B
_____

Zhēn de ma? Tài hǎo le, wǒ xiànzài kěyǐ qù qǔ ma?

A
_____

Kěyǐ, wǒmen de bàngōngshì zài èr hào lóu yāo yāo líng sān.

A
_____

Hint 왕 비서, 안녕하세요. 우리 3시에 회의하죠?

B
_____

리 사장님, 안녕하세요. 공지 못 받으셨어요?

A
_____

공지? 어떤 공지요?

B
_____

회의는 내일 오전으로 잡혔습니다.

A
_____

정말 죄송해요. 제가 잊었었네요. 내일 뵙겠습니다.

B
_____

내일 뵙겠습니다.

빈칸 채우기

단문

		张	秘	书	，	请	你	写	两	个			。	第	一
个	通	知	是	放	假			，	我	们	10	月	1	号	
10	月	7	号	放	假	，			一	下	。	第	二	个	
	是			员	工	大	会	的	，		位	员	工		要
参	加	。	会	议	安	排	在	下	周	五	，	9	月	15	号，
在	6	层	的	会	议	室	，	一	定	要			到	每	位
员	工	。													

Hint 장 비서, 공지 두 개만 써 주세요. 첫 번째 공지는 휴가 공지입니다. 우리는 10월 1일부터 10월 7일까지 휴가라고 알려 주세요. 두 번째 공지는 직원 회의에 관한 것입니다. 모든 직원이 다 참가해야 합니다. 회의는 다음 주 금요일인 9월 15일에 6층 회의실에서 하겠습니다. 반드시 모든 직원에게 공지해 주세요.

STEP 1　간체자 쓰기

打折 dǎzhé 동 할인하다	打 打 打 打 打 / 折 折 折 折 折 折 折		
	打折 dǎzhé	打折 dǎzhé	

光临 guānglín 동 왕림하다, 오시다	光 光 光 光 光 光 / 临 临 临 临 临 临 临 临		
	光临 guānglín	光临 guānglín	

优惠 yōuhuì 형 특혜의	优 优 优 优 优 优 / 惠 惠 惠 惠 惠 惠 惠 惠 惠 惠		
	优惠 yōuhuì	优惠 yōuhuì	

STEP 2　들으면서 따라 쓰기

W05-01

회화

A 你好！这里可以复印文件吗？

B 可以，先生，您要复印什么？

A 这些文件，每张复印10份。

A 您好，我要买一件白色的衬衫。

B 这件怎么样？

A 我想试一试。

B 不大不小，很合适。

这件衬衫现在打五折，只要一百块。

A 欢迎光临！这边是电视机，照相机在那边。

B 你们这儿有可以直接打印照片的照相机吗?

A 很抱歉，没有。

A 你们现在有什么优惠吗?

B 有，您看看这个，现在打六折，只要八千元。

A 挺好的，在哪儿付款?

B 这边请。

W05-02
단문

　　欢迎光临本店，本周优惠多多。星期一水果五折，星期二电视六折，星期三照相机七折，星期四空调八折，星期五茶九折，星期六咖啡买一送一。喜欢您来，欢迎您来。

🎧 W05-03

회화

A
_____

_{Hint} Nǐ hǎo! Zhèlǐ kěyǐ fùyìn wénjiàn ma?

B
_____

Kěyǐ, xiānsheng, nín yào fùyìn shénme?

A
_____

Zhèxiē wénjiàn, měi zhāng fùyìn shí fèn.

A
_____

_{Hint} Nín hǎo, wǒ yào mǎi yí jiàn báisè de chènshān.

B
_____

Zhè jiàn zěnmeyàng?

A
_____

Wǒ xiǎng shì yi shì.

B
_____

Bú dà bù xiǎo, hěn héshì.

_____

Zhè jiàn chènshān xiànzài dǎ wǔ zhé, zhǐyào yìbǎi kuài.

A
_____

_{Hint} 어서 오세요! 이쪽은 텔레비전이고, 카메라는 저쪽에 있습니다.

B
_____

여기에 직접 사진을 프린트할 수 있는 카메라가 있나요?

A
_____

정말 죄송합니다. 없습니다.

A
....

Hint 지금 할인 같은 게 있나요?

B
....

있습니다. 이걸 봐 주세요. 지금 40% 할인 중이라 8,000위안밖에 안 합니다.

A
....

정말 좋네요. 어디서 계산하죠?

B
....

이쪽으로 오시죠.

STEP 4 빈칸 채우기

단문

				本	店	，	本	周		多	多	。	
星	期	一	水	果		折	，	星	期	二	电	视	折	，
星	期	三	照	相	机		折	，	星	期	四	空	调	折,
星	期	五	茶		折	，	星	期	六	咖	啡		一	一。
喜	欢	您	来	，	欢	迎	您	来	。				

Hint 저희 가게에 오신 것을 환영합니다. 이번 주에는 혜택이 아주 많습니다. 월요일에는 과일이 50%, 화요일에는 텔레비전이 40%, 수요일에는 카메라가 30%, 목요일에는 에어컨이 20%, 금요일에는 차가 10%, 토요일에는 커피 '1+1' 행사가 있습니다. 환영합니다.

STEP 1 간체자 쓰기

麻烦 máfan 동 귀찮게 하다, 성가시게 굴다	麻麻麻麻麻麻麻麻麻麻麻 / 烦烦烦烦烦烦烦烦烦烦			
	麻烦 máfan	麻烦 máfan		

派 pài 동 파견하다, 임명하다, 맡기다				派派派派派派派派派
	派 pài	派 pài		

修理 xiūlǐ 동 수리하다, 고치다	修修修修修修修修 / 理理理理理理理理理理			
	修理 xiūlǐ	修理 xiūlǐ		

STEP 2 들으면서 따라 쓰기

🎧 W06-01

회화

A 您的电脑怎么了？

B 不能打印了。

A 我来检查一下。

B 麻烦你了。

A 我是CTI公司的王欢。

我们公司的空调坏了，请派人来修理一下。

B 好的，我马上派人去。

A 您好，您这儿的空调坏了吗?

B 是的。

A 我来检查一下。

B 好的，请进。

잠시 후

A 您好，已经修理好了。请您检查一下。

B 好的，没问题了，谢谢。

A 请您在这儿签一下您的名字。

如果再有问题，请给我们打电话。

B 谢谢，再见。

 W01-02

　　王秘书，我明天去出差，文件在桌子上，我已经签了。我办公室的空调坏了，办公室里很热，请派人来修理一下。我的电脑也有问题，不能打印，也请派人来修理一下。

듣고 받아 쓰기

🎧 W06-03

회화

A
_____

Hint Nín de diànnǎo zěnme le?

B
_____

Bù néng dǎyìn le.

A
_____

Wǒ lái jiǎnchá yíxià.

B
_____

Máfan nǐ le.

A
_____

Hint Wǒ shì CTI Gōngsī de Wáng Huān.

Wǒmen gōngsī de kōngtiáo huài le, qǐng pài rén lái xiūlǐ yíxià.

B
_____

Hǎo de, wǒ mǎshàng pài rén qù.

A
_____

Hint 안녕하세요. 여기 에어컨이 고장 났나요?

B
_____

네.

A
_____

제가 점검 좀 해 보겠습니다.

B
_____

네, 들어오세요.

A

여기요. 수리를 마쳤습니다. 한번 확인해 보세요.

B

네, 문제가 없네요. 감사합니다.

A

여기에 서명해 주세요.

만약 또 문제가 생기면 저희에게 전화해 주세요.

B

감사합니다. 안녕히 가세요.

STEP 4 ▶ 빈칸 채우기

단문

		王	秘	书	，	我	明	天	去	出	差	，	文	件	在
桌	子	上	，	我	已	经			了	。	我	办	公	室	的	空
调		了	，	办	公	室	里	很	热	，	请		人	来	
	一	下	。	我	的	电	脑	也	有	问	题	，	不	能	打
印	，	也	请		人	来		一	下	。					

Hint 왕 비서, 저는 내일 출장을 갑니다. 파일은 책상 위에 있고, 제가 이미 사인했습니다. 제 사무실의 에어컨이 고장 나서 사무실 안이 너무 더워요. 사람을 불러서 수리 좀 해 주세요. 제 컴퓨터도 문제가 생겨서 프린트가 안 됩니다. 사람을 불러서 수리를 좀 해 주세요.

STEP 1 간체자 쓰기

主要 zhǔyào 혱 주요하다	丶 亠 亠 主 主 / 覀 覀 覀 覀 覀 覀 覀 覀 覀			
	主要 zhǔyào	主要 zhǔyào		

因为 yīnwèi 젭 ~때문에	丨 冂 冂 冈 因 因 / 为 为 为 为			
	因为 yīnwèi	因为 yīnwèi		

建议 jiànyì 동 건의하다, 제안하다	建 建 建 建 建 建 建 建 / 议 议 议 议 议 议			
	建议 jiànyì	建议 jiànyì		

STEP 2 들으면서 따라 쓰기

🎧 W07-01

회화

A 您是做什么工作的?

B 我在医院工作,是一个医生。您呢?

A 我是一个出租车司机。

A 王秘书,我来跟你说说你的工作。

B 好的,我要做些什么?

A 你的工作主要是安排李经理的日程。

B 好的，我知道了。

A 高小姐，今天是你第一天上班，

我来跟你说说你的工作。

B 好的，我要做些什么？

A 你的工作主要是接电话，如果要找的人不在，

你要记录留言。

B 好的，我知道了。

A 有问题吗？

B 没问题，我先试试。

A 如果有问题，给我打电话。

B 好的，谢谢。

🎧 W07-02

단문

　　我在CTI公司工作，我是一个秘书。我的工作主要是安排经理的日程，我也要接电话和打电话，记录留言，打印和复印文件。为什么我会开始学习汉语呢？因为我们公司一直有很多中国的客户，所以朋友们建议我学习汉语。因为我会汉语，也会一点儿英语，所以明年我会去中国工作，我觉得这是一个新的开始。

W07-03

회화

A

Hint Nín shì zuò shénme gōngzuò de?

B

Wǒ zài yīyuàn gōngzuò, shì yí ge yīshēng. Nín ne?

A

Wǒ shì yí ge chūzūchē sījī.

A

Hint Wáng mìshū, wǒ lái gēn nǐ shuōshuo nǐ de gōngzuò.

B

Hǎo de, wǒ yào zuò xiē shénme?

A

Nǐ de gōngzuò zhǔyào shì ānpái Lǐ jīnglǐ de rìchéng.

B

Hǎo de, wǒ zhīdào le.

A

Hint 미스 가오, 오늘이 첫 출근이네요. 제가 당신의 업무에 대해 알려 드릴게요.

B

네, 제가 어떤 것들을 하면 될까요?

A

당신의 일은 주로 전화를 받는 거예요.

만약 찾는 사람이 없으면 메시지를 기록하면 됩니다.

B

네, 알겠습니다.

A
　　　　　　　　　　　　　　　　　　　　　　　　　　　문제 있나요?

B
　　　　　　　　　　　　　　　　　문제없습니다. 우선 해 보겠습니다.

A
　　　　　　　　　　　　　　만약 문제가 있으면 저에게 전화하세요.

B
　　　　　　　　　　　　　　　　　　　　　　　　네, 감사합니다.

STEP 4 빈칸 채우기

단문

		我	在	CTI	公	司	工	作	，	我	是	一	个	秘	书。
我	的	工	作			是	安	排	经	理	的			，	我
也	要		电	话	和		电	话	，			留	言	，	打
印	和	复	印	文	件。	为	什	么	我	会			学	习	
汉	语	呢	？	因	为	我	们	公	司	一	直	有	很	多	中
国	的	客	户	，	所	以	朋	友	们		我	学	习	汉	
语。			我	会	汉	语	，	也	会	一	点	儿	英	语,	
		明	年	我	会	去	中	国	工	作	，	我	觉	得	这
是	一	个	新	的			。								

🔊Hint 　저는 CTI 회사에서 일하고, 비서입니다. 제 일은 주로 사장님의 일정을 잡는 것입니다. 저는 전화를 받고 거는 것, 메시지 기록, 서류 프린트와 복사도 해야 합니다. 왜 제가 중국어를 배우기 시작하냐고요? 왜냐하면 우리 회사는 줄곧 중국 고객이 많기 때문입니다. 그래서 친구들이 저에게 중국어를 배울 것을 제안했습니다. 제가 중국어를 하고 영어도 조금 가능하니 내년에 저는 중국으로 일하러 가게 될 것입니다. 저는 이것이 새로운 시작이라고 생각합니다.

STEP 1 간체자 쓰기

按照 ànzhào 개 ~에 비추어, ~에 따라	按 按 按 按 按 按 按 按 按 / 照 照 照 照 照 照 照 照 照 照 照 照 照			
	按照 ànzhào	按照 ànzhào		

质量 zhìliàng 명 질, 품질	质 质 质 质 质 质 质 质 / 量 量 量 量 量 量 量 量 量 量 量 量			
	质量 zhìliàng	质量 zhìliàng		

颜色 yánsè 명 색채, 색	颜 颜 颜 颜 颜 颜 颜 颜 颜 颜 颜 颜 颜 颜 颜 / 色 色 色 色 色 色			
	颜色 yánsè	颜色 yánsè		

STEP 2 들으면서 따라 쓰기

🎧 W08-01

회화

A 新产品进行得怎么样了?

B 我们正在按照计划进行。

A 完成多少了?

B 我们已经完成一半了。

A 非常好! 可以提前完成吗?

B 我觉得不会提前，我们会按计划完成。

A 李秘书，我打算星期四下午开个会，请你安排一下。

B 这个会议是关于什么的？

这个会议是关于新产品的，非常重要。

A 您想邀请谁参加？

B 产品经理，还有CTI公司的周先生。

我想听听他的意见和建议。

A 周先生，这是本公司的新产品。您觉得怎么样？

B 我看了产品介绍，这些产品质量好，价格便宜。

A 您有什么意见和建议吗？

B 只有绿色的和黄色的，颜色有点儿少。

A 您觉得还需要什么颜色？

B 我觉得红色的和蓝色的也很漂亮。

🎧 W08-02

단문

　　王先生，很高兴能向您介绍我们公司的新产品。这是我们的产品介绍，请您看一看。我们公司的新产品质量好，价格便宜。我觉得您一定会喜欢这些新产品。

🎧 W08-03

회화

A
....

Hint Xīnchǎnpǐn jìnxíng de zěnmeyàng le?

B
....

Wǒmen zhèngzài ànzhào jìhuà jìnxíng.

A
....

Wánchéng duōshao le?

B
....

Wǒmen yǐjīng wánchéng yíbàn le.

A
....

Fēicháng hǎo! Kěyǐ tíqián wánchéng ma?

B
....

Wǒ juéde bú huì tíqián, wǒmen huì àn jìhuà wánchéng.

A
....

Hint Lǐ mìshū, wǒ dǎsuàn xīngqīsì xiàwǔ kāi ge huì, qǐng nǐ ānpái yíxià.

B
....

Zhège huìyì shì guānyú shénme de?

A
....

Zhège huìyì shì guānyú xīnchǎnpǐn de, fēicháng zhòngyào.

B
....

Nín xiǎng yāoqǐng shéi cānjiā?

A
....

Chǎnpǐn jīnglǐ, háiyǒu CTI gōngsī de Zhōu xiānsheng,

....

Wǒ xiǎng tīngting tā de yìjiàn hé jiànyì.

A

> Hint 미스터 저우, 이것은 저희 회사의 신상품입니다. 당신이 보시기에 어떠세요?

B

> 제가 제품 소개를 봤습니다. 이 상품들은 품질이 좋고 가격이 저렴하네요.

A

> 의견이나 건의 있으신가요?

B

> 초록색과 노란색만 있어서 색상이 적은 것 같아요.

A

> 보시기에 무슨 색이 더 있으면 좋겠나요?

B

> 제 생각에는 빨간색과 파란색도 예쁜 것 같습니다.

STEP 4 빈칸 채우기

단문

		王	先	生	，	很	高	兴	能		您	介	绍	我	们
公	司	的			。	这	是	我	们	的	产	品	介	绍	，
请	您	看	一	看	。	我	们	公	司	的	新	产	品		
好	，	价	格		。	我			您	一	定	会	喜	欢	
这	些	新	产	品	。										

> Hint 미스터 왕, 당신에게 우리 회사의 신제품을 소개할 수 있어서 기쁩니다. 이것은 우리의 제품 소개입니다. 한번 봐 주세요. 우리 회사의 신제품은 품질이 좋고 가격도 쌉니다. 제 생각에 당신은 분명히 이 신제품들을 좋아할 것 같습니다.

STEP 1 　간체자 쓰기

交 jiāo 图 사귀다, 교제하다 건네다, 제출하다		交 交 六 六 交 交
	交 jiāo	交 jiāo

表格 biǎogé 图 표, 서식		表 表 表 表 夫 表 表 表 / 格 格 格 格 格 格 格 格 格 格
	表格 biǎogé	表格 biǎogé

填 tián 图 채우다		填 填 填 填 填 扩 填 直 直 直 直 真 真
	填 tián	填 tián

STEP 2 　들으면서 따라 쓰기

🎧 W09-01

회화

A 王欢，能帮我一下吗？

我交了个中国朋友，他请我去他家，

你觉得我带什么礼物合适？

B 中国人喜欢带点儿茶、水果什么的。

A 高先生，能帮我一下吗？这个表格怎么填？

B 我来看一下，你在这里写要买的东西，

这里写买多少，这里签上名字就可以了。

A 谢谢，这个表格应该交给谁？

B 交给张秘书就可以了。

A 张秘书，能帮我一下吗？

李经理让我安排一个会议，我要怎么做？

B 你要做好会议日程，通知要参加的人。

在开会前，需要的文件都要打印和复印好。

在开会的时候你要做会议记录。

A 但是我没写过会议记录。

B 没关系，我可以给你一份我写的会议记录，

你看看就知道了。

 W09-02

 단문

　　您好，是快车出租车公司吗？我早上叫了一辆你们公司的出租车去机场接我。我的行李箱忘在出租车上了，里面有很重要的东西。能请你们给我送到宾馆吗？我叫周京，住在春天宾馆1218房间，我的手机是18515055950。

🎧 W09-03

회화

A

> **Hint** Wáng Huān, néng bāng wǒ yíxià ma?

Wǒ jiāole ge Zhōngguó péngyou, tā qǐng wǒ qù tā jiā,

nǐ juéde wǒ dài shénme lǐwù héshì?

B

Zhōngguórén xǐhuan dài diǎnr chá、shuǐguǒ shénme de.

A

> **Hint** Gāo xiānsheng, néng bāng wǒ yíxià ma? Zhège biǎogé zěnme tián?

B

Wǒ lái kàn yíxià, nǐ zài zhèlǐ xiě yào mǎi de dōngxi,

zhèlǐ xiě mǎi duōshao, zhèlǐ qiānshang míngzi jiù kěyǐ le.

A

Xièxie, zhège biǎogé yīnggāi jiāo gěi shéi?

B

Jiāo gěi Zhāng mìshū jiù kěyǐ le.

A

> **Hint** 장 비서, 저 좀 도와주실래요?

리 사장님이 회의 하나를 준비하라고 하셨는데, 제가 어떻게 해야 하죠?

B

会의 일정을 잡고 참가할 사람들에게 알리세요.

회의 전에 필요한 서류들은 모두 프린트하고 복사하고요.

회의할 때는 회의록을 작성하면 돼요.

A

그런데 제가 회의록을 작성해 본 적이 없어요.

B

괜찮아요. 제가 쓴 회의록 한 부를 드릴게요. 보시면 알 거예요.

STEP 4 ❘ 빈칸 채우기

단문

		您	好	,		是	快	车	出	租	车	公	司	吗	?	我
早	上		了	一		你	们	公	司	的	出	租	车	去		机
场	接	我	。	我	的	行	李	箱		在	出	租	车	上	了	,
里	面	有	很			的	东	西	。	能	请	你	们	给	我	
送	到	宾	馆	吗	?	我		周	京	,	住	在	春	天	宾	
馆	12	18	房	间	,	我	的	手	机	是	18	51	50	55	95	
0	。															

Hint 안녕하세요. 콰이처 택시 회사죠? 제가 아침에 귀사의 택시를 공항으로 불러서 탔는데, 제 여행 가방을 택시에 두고 내렸습니다. 안에 굉장히 중요한 물건이 있어요. 저를 위해 호텔로 보내 주실 수 있을까요? 저는 저우징이 고 춘톈 호텔 1218호에 묵고 있습니다. 제 휴대전화 번호는 18515055950입니다.

STEP **1** 간체자 쓰기

航班 hángbān 명 항공편	航 航 航 航 航 航 航 航 航 航 / 班 班 班 班 班 班 班 班 班 班 航班　航班 hángbān　hángbān
起飞 qǐfēi 동 이륙하다, 날아오르다	起 起 起 起 起 起 起 起 起 起 / 飞 飞 飞 起飞　起飞 qǐfēi　qǐfēi
到达 dàodá 동 도착하다, 도달하다	到 到 到 到 到 到 到 到 / 达 达 达 达 达 达 到达　到达 dàodá　dàodá

STEP **2** 들으면서 따라 쓰기

🔊 W10-01

회화

A 您好，请问什么时候开始登机？

B 很抱歉，航班晚点了。

A 会晚多久？

B 一个小时。

A 先生，能请您帮个忙吗？

我的男朋友坐在33A，可以和您换一下吗？

B 可以，没问题。

A 谢谢您。

B 别客气。

A 先生，我们的飞机就要起飞了，请您坐好。

B 很抱歉，请问什么时候到北京？

A 下午3点到达北京。

B 谢谢，请问机场里可以换人民币吗？

A 可以。

🎧 W10-02

단문

钱秘书，我是李冬。因为我坐的航班晚点，不知道什么时候起飞，所以我换了一个航班，先坐飞机，然后换火车。我会在1月12号晚上9点到达北京。请您到北京火车站来接我，谢谢。

🎧 W10-03

회화

A

_____

Hint Nín hǎo, qǐngwèn shénme shíhou kāishǐ dēngjī?

B

_____

Hěn bàoqiàn, hángbān wǎndiǎn le.

A

_____

Huì wǎn duō jiǔ?

B

_____

Yí ge xiǎoshí.

A

_____

Hint Xiānsheng, néng qǐng nín bāng ge máng ma?

_____

Wǒ de nánpéngyou zuò zài 33A, kěyǐ hé nín huàn yíxià ma?

B

_____

Kěyǐ, méi wèntí.

A

_____

Xièxie nín.

B

_____

Bié kèqi.

A

_____

Hint 선생님, 우리 비행기가 곧 이륙합니다. 앉아 주시기 바랍니다.

B

_____

죄송합니다. 말씀 좀 묻겠습니다. 언제 베이징에 도착하죠?

A

오후 3시에 베이징에 도착합니다.

B

감사합니다. 공항에서 인민폐 환전이 가능한가요?

A

가능합니다.

빈칸 채우기

단문

		钱	秘	书	，	我	是	李	冬	。	因	为	我	坐	的
		晚	点	，	不	知	道	什	么	时	候	起	飞	，	所
以	我		了	一	个			，		坐	飞	机	，		
换	火	车	。	我	会	在	1	月	12	号	晚	上	9	点	
	北	京	。	请	您	到	北	京	火	车	站	来		我	，
谢	谢	。													

Hint 첸 비서, 저는 리둥입니다. 제 항공편이 지연되었기 때문에 언제 이륙할지 모르겠습니다. 그래서 비행편을 바꿔서 우선 비행기를 타고 나중에 기차로 갈아타기로 했습니다. 저는 1월 12일 저녁 9시에 베이징에 도착합니다. 베이징 기차역으로 마중을 나와 주세요. 감사합니다.

간체자 쓰기

方便 fāngbiàn 형 편리하다	方 方 方 方 / 便 便 便 便 便 便 便 便 便			
	方便 fāngbiàn	方便 fāngbiàn		

销售 xiāoshòu 명 판매, 영업	销 销 销 销 销 销 销 销 销 销 销 销 / 售 售 售 售 售 售 售 售 售 售 售			
	销售 xiāoshòu	销售 xiāoshòu		

了解 liǎojiě 동 이해하다	了 了 / 解 解 解 解 解 解 解 解 解 解 解 解 解			
	了解 liǎojiě	了解 liǎojiě		

들으면서 따라 쓰기

🎧 W11-01

회화

A 你明天方便吗？我们见个面怎么样？

B 明天星期六，方便，

我们下午2点在好友餐厅见面，怎么样？

A 好。

A 你是王晴呀，幸会，

经常听你们公司的李明说起你，我是张进。

B 很高兴认识你，听李明说，你也是做销售的？

A 是的。你做销售工作几年了？

B 我工作7年了，你呢？

A 比你长一点儿，快10年了。这是我的名片。

B 这是我的名片，有空多联系。

A 早上好，李先生。我是从市场部来的王晴。

B 你好，经常听我们经理提起你。幸会！

A 幸会，我想我们要在一起工作了。

B 是的，我还不了解这边的情况，

　方便的话，可以介绍一下吗？

A 行，请坐。

W11-02

　　大家好，幸会！我想简单地介绍一下自己。我在市场部做经理，从2000年开始管理市场部，一直到今年，工作了15年。从今天开始，将由我来负责人事部，我将和大家一起工作，这对我来说是一个新的开始。我对人事部的工作还不是很了解，也不太懂人事部的管理，希望各位能给我更多的帮助，谢谢大家！

🎧 W11-03

회화

A

🔊Hint Nǐ míngtiān fāngbiàn ma? Wǒmen jiàn ge miàn zěnmeyàng?

B

Míngtiān xīngqīliù, fāngbiàn,

wǒmen xiàwǔ liǎng diǎn zài hǎoyǒu cāntīng jiànmiàn, zěnmeyàng?

A

Hǎo.

A

🔊Hint Nǐ shì Wáng Qíng ya, xìnghuì,

jīngcháng tīng nǐmen gōngsī de Lǐ Míng shuōqǐ nǐ, wǒ shì Zhāng Jìn.

B

Hěn gāoxìng rènshi nǐ, tīng Lǐ Míng shuō, nǐ yě shì zuò xiāoshòu de?

A

Shì de. Nǐ zuò xiāoshòu gōngzuò jǐ nián le?

B

Wǒ gōngzuò qī nián le, nǐ ne?

A

Bǐ nǐ cháng yìdiǎnr, kuài shí nián le. Zhè shì wǒ de míngpiàn.

B

Zhè shì wǒ de míngpiàn, yǒu kòng duō liánxì.

A

🔊Hint 미스터 리, 좋은 아침입니다. 저는 마케팅팀에서 온 왕칭입니다.

B

안녕하세요. 저희 사장님께 말씀 많이 들었습니다. 만나 뵙게 되어 반갑습니다!

A

만나 뵙게 되어 반갑습니다. 저희가 같이 일하게 될 것 같네요.

B

그렇네요. 제가 아직 이쪽 상황을 이해하지 못했습니다. 괜찮으시면 소개 좀 해 주시겠어요?

A

좋습니다. 앉으세요.

STEP 4 빈칸 채우기

단문

		大	家	好	，		！	我	想	简	单		介	绍
一	下	自	己	。	我	在		部	做	经	理	，	从	20
00	年	开	始	管	理		部	，	一	直	到	今	年	，
工	作	了	15	年	。	今	天	开	始	，	将		我	来	负
责	人	事	部	，	我	将	和	大	家	一	起	工	作	，	这
	我		是	一	个	新	的	开	始	。	我	对	人	事
部	的	工	作	还	不	是	很		，	也	不	太	懂	人
事	部	的	管	理	，		各	位	能	给	我	更	多	的
帮	助	，	谢	谢	大	家	！							

🔊Hint 모두들 만나 뵙게 되어 반갑습니다! 간단히 제 소개를 하겠습니다. 저는 마케팅팀에서 팀장을 맡아 2000년부터 지금까지 쭉 마케팅팀을 관리한 지 15년이 되었습니다. 오늘부터 제가 인사팀을 맡아 여러분들과 함께 일하게 되었습니다. 이건 저에게 새로운 시작입니다. 저는 인사팀 일에 대해 아직 잘 모르고 인사팀의 운영에 대해서도 잘 모릅니다. 모두 저에게 많은 도움을 수시기 바랍니다. 모두들 감사합니다!

간체자 쓰기

禁止 jìnzhǐ 통 금지하다	禁 井 扯 梦 村 村 村 林 茶 禁 茶 禁 禁 / 止 止 止 止			
	禁止 jìnzhǐ	禁止 jìnzhǐ		

活动 huódòng 명 행사	活 活 活 活 活 活 活 活 活 / 动 动 动 动 动 动			
	活动 huódòng	活动 huódòng		

关键 guānjiàn 형 매우 중요한 명 관건, 열쇠, 키포인트	关 关 关 关 关 关 / 钅 钅 铲 钅 钅 铧 镩 键 键			
	关键 guānjiàn	关键 guānjiàn		

들으면서 따라 쓰기

🎧 W12-01

회화

A 小王，这里禁止吸烟。

B 不好意思，我没有看到。

A 这个习惯对身体不好，你还是少吸点儿吧。

B 对，听你的，为了健康，我明天就不吸了！

A 小文，已经10点了，你怎么还在工作？

B 最近公司活动太多了，在公司做不完。

A 但是你前两天发烧了，刚好了一点儿，医生让你多休息。

B 但是这份工作对我来说非常重要。

A 对年轻人来说，身体和工作都很重要。

听医生的话，身体才能好得快。

A 小张，最近还在学汉语吗？

B 是啊。但是对我来说，汉语太难了，我有点儿不想学了。

A 就我来说，学汉语很容易，最关键的是要选择一个好方法。

在我看来，最好的方法是和中国人聊聊天儿。

有时候我说得奇怪，他们也不会笑我。

B 除了和中国人聊天，你还有别的好方法吗？

A 我觉得看报纸读新闻也可以。

🎧 W12-02

단문

　　我们公司和李经理的公司的主要产品都是照相机。今年，他们公司的产品卖得比我们公司好。李经理向我们介绍了一些经验：第一，产品的质量和价格非常重要，产品质量好，价格便宜，客户才会喜欢。第二，一个好的产品介绍是做好销售的关键。第三，客户服务一定要做好。我认为，这些建议对我们的帮助很大。

🎧 W12-03

회화

A

Hint Xiǎo Wáng, zhèli jìnzhǐ xīyān.

B

Bù hǎo yìsi, wǒ méiyǒu kàndào.

A

Zhège xíguàn duì shēntǐ bù hǎo, nǐ háishi shǎo xī diǎnr ba.

B

Duì, tīng nǐ de, wèile jiànkāng, wǒ míngtiān jiù bù xī le!

A

Hint Xiǎo Wén, yǐjīng shí diǎn le, nǐ zěnme hái zài gōngzuò?

B

Zuìjìn gōngsī huódòng tài duō le, zài gōngsī zuò bù wán.

A

Dànshì nǐ qián liǎng tiān fāshāo le, gāng hǎole yìdiǎnr, yīshēng ràng nǐ duō xiūxi.

B

Dànshì zhè fèn gōngzuò duì wǒ lái shuō fēicháng zhòngyào.

A

Duì niánqīngrén lái shuō, shēntǐ hé gōngzuò dōu hěn zhòngyào.

Tīng yīshēng de huà, shēntǐ cái néng hǎo de kuài.

A

Hint 샤오장, 요즘에도 중국어 배우고 있나요?

B

네, 하지만 저한테 중국어는 너무 어려워요. 조금 배우기 싫어졌어요.

A

저한테는 중국어 배우는 건 쉬워요. 가장 중요한 것은 좋은 방법 하나를 선택하는 거예요.

제가 볼 때 가장 좋은 방법은 중국인과 이야기하는 거예요.

가끔 제가 이상하게 말해도 그들은 비웃지 않아요.

B

중국인과 이야기하는 것 외에 다른 좋은 방법이 있나요?

A

제 생각에는 신문 보고 기사를 읽는 것도 괜찮은 것 같아요.

STEP 4 빈칸 채우기

단문

		我	们	公	司	和	李	经	理	公	司	的		产
品	都	是	照	相	机	。	今	年	,	他	们	公	司	的	产
品		得	比	我	们	公	司	好	。	李	经	理	向	我	们
介	绍	了	一	些		：	第	一	,	产	品	的		
和		非	常	重	要	,	产	品			好	,		
便	宜	,	客	户	才	会	喜	欢	。	第	二	,	一	个	好
的	产	品	介	绍	是	做	好	销	售	的		。	第	三,	
	一	定	要	做	好	。	我	认	为	,	这	些		
建	议	对	我	们	的	帮	助	很	大	。				

Hint 우리 회사와 리 사장 회사의 주요 상품은 모두 카메라입니다. 올해 그들 회사의 상품이 우리 회사보다 더 잘 팔렸습니다. 리 사장은 우리에게 일부 경험들을 소개해 주었습니다. 첫째, 상품의 품질과 가격이 매우 중요합니다. 상품의 품질이 좋고 가격이 싸야 고객이 좋아합니다. 둘째, 좋은 상품 소개가 마케팅의 관건입니다. 셋째, 고객서비스는 반드시 잘해야 합니다. 저는 이런 건의들이 저희에게 큰 도움이 된다고 생각합니다.

STEP 1 간체자 쓰기

重 zhòng 형 무겁다	重重重重重重重重重 重 (zhòng)	重 (zhòng)
轻 qīng 형 가볍다	轻轻轻轻轻轻轻轻轻 轻 (qīng)	轻 (qīng)
比较 bǐjiào 부 비교적	比比比比/较较较较较较较较较 比较 (bǐjiào)	比较 (bǐjiào)

STEP 2 들으면서 따라 쓰기

🎧 W13-01

회화

A 你收到小文的电子邮件了吗?

B 收到了，邮件说大家可以带吃的或者喝的去，

你要带什么?

A 我想带饮料，你呢?

B 饮料太重了，你没有车，我带吧。

A 也行，那我带点儿吃的吧，这个轻。

파티 당일 날

B 小文，今天聚会来了好多人啊！

C 是啊，我也没想到，吃饱了吗？

B 饱了，今天的菜真好吃。

C 那就好，虽然今天很累，但是我认识了不少同事。

B 这就够了！

A 高经理，我们公司的活动是下个月30号。

这是我们需要的东西，请您看一下。

B 水果200份，饮料15箱······

一共有多少人参加？

A 这我可说不准，大概180人。

B 我觉得饮料可能不够。25箱比较好，准够了。

A 行，我们再看看别的吧。

W13-02

단문

　　对中国人来说，春节是最重要的节日。每年春节前，公司都会办一个很大的聚会，请所有部门的员工参加。下周二就是今年的春节，所以今天CTI公司有一个聚会。除了各部门的经理和员工，一些外国客户也来了。聚会上有很多中国有名的小吃，还有很多种茶和其他好喝的饮料，外国客户都很喜欢，公司的员工也都聊得很高兴。

🎧 W13-03

회화

A

🔵 Hint Nǐ shōudào Xiǎo Wén de diànzǐ yóujiàn le ma?

B

Shōudào le, yóujiàn shuō dàjiā kěyǐ dài chī de huòzhě hē de qù, nǐ yào dài shénme?

A

Wǒ xiǎng dài yǐnliào, nǐ ne?

B

Yǐnliào tài zhòng le, nǐ méiyǒu chē, wǒ dài ba.

A

Yě xíng, nà wǒ dài diǎnr chī de ba, zhège qīng.

B

Xiǎo Wén, jīntiān jùhuì láile hǎo duō rén a!

C

Shì a, wǒ yě méi xiǎngdào, chībǎo le ma?

B

Bǎo le, jīntiān de cài zhēn hǎo chī.

C

Nà jiù hǎo, suīrán jīntiān hěn lèi, dànshì wǒ rènshile bù shǎo tóngshì.

B

Zhè jiù gòu le!

A

🔵 Hint 가오 사장님, 우리 회사의 행사는 다음 달 30일입니다.

이건 저희가 필요한 것들입니다. 한번 보세요.

B

과일 200인분과 음료 15상자…… 전부 몇 명이 참가하나요?

A

그건 저도 잘 모르겠습니다. 대략 180명입니다.

B

제 생각에 음료수가 부족할 것 같아요. 25상자면 좋겠어요. 충분할 거예요.

A

네. 우리 또 다른 것도 살펴보죠.

STEP 4 빈칸 채우기

단문

		对	中	国	人	来	说	，	春	节	是	最	重	要	的
		。	每	年	春	节	前	，	公	司	都	会	办	一	个
很	大	的	聚	会	，	请	所	有			的	员	工	参	加。
下	周	二	就	是	今	年	的	春	节	，	所	以	今	天	CTI
公	司	有	一	个	聚	会	。		各	部	门	的	经		理
和	员	工	，	一	些	外	国		也	来	了	。	聚		会
上	有	很	多	中	国		的	小	吃	，	还	有	很		多
种	茶	和	其	他	好	喝	的	饮	料	，	外	国			都
很	喜	欢	，	公	司	的	员	工	也	都	聊		很	高	兴。

Hint 중국인에게 춘절은 가장 중요한 명절입니다. 매년 춘절 전, 회사는 커다란 모임을 열고 모든 부서의 직원들을 참가하게 합니다. 다음 주 화요일이 바로 올해 춘절이라서 오늘 CTI 회사에 모임이 있습니다. 각 부서의 팀장과 직원 외에 일부 외국 고객들도 옵니다. 행사에는 많은 중국의 유명한 간식이 있고, 다양한 차와 다른 맛있는 음료들이 있습니다. 외국 고객들도 모두 좋아하고 회사의 직원들도 모두 매우 기쁘게 대화를 나눕니다.

간체자 쓰기

差 chà 형 부족하다, 모자라다	差 差 差 差 差 差 差 差 差		
	差 chà	差 chà	

趟 tàng 양 번	趟 趟 趟 趟 趟 趟 趟 趟 趟 趟 趟 趟 趟 趟 趟		
	趟 tàng	趟 tàng	

消息 xiāoxi 명 소식	消 消 消 消 消 消 消 消 消 消 / 息 息 息 息 息 息 息 息 息 息		
	消息 xiāoxi	消息 xiāoxi	

들으면서 따라 쓰기

🎧 W14-01

회화

A 您好！请问，张经理回来了吗？

我们说的3点开始谈判，现在差5分3点。

B 张经理日程很满，上一个谈判还没完呢，

请您在这儿等一会儿。

A 好的。我看到他了，他过来了。

A 高经理回去了吗?

B 对，他已经回来了，刚才又出去了。

A 今天上午他来开会，忘了一个文件夹在我这儿。

如果你有时间，就过来一趟取一下，好吗?

B 好的，我现在就过去。

A 李秘书，请你上来一下。

B 好的，王经理，我现在就上去。

A 李秘书，我要的传真在哪儿?

B 我放到那个红色的文件夹里了，在您的桌子上。

A 对了，你让小张先进来一下。他有好消息要向我报告。

B 好，我先下去一下，一会儿再上来。

A 好的，我一会儿给你电话。

🎧 W14-02

단문

　　我是CTI公司的秘书，我很喜欢这份工作，但是有时候工作有点儿多。上午9点，钱经理让我上去开会。开完会后，我又出去了一趟，给车加了油。刚回来不久，广告部的小王下来找我，让我打印几份报告。刚做完，又有一位姓周的先生过来找钱经理。钱经理正在做报告，我就进去告诉了他。过了一会儿，钱经理做完报告出来，和周先生谈了半个小时才谈完。终于可以下班了!

🎧 W14-03

회화

A

🔊Hint Nín hǎo! Qǐngwèn, Zhāng jīnglǐ huílai le ma?

Wǒmen shuō de sān diǎn kāishǐ tánpàn, xiànzài chà wǔ fēn sān diǎn.

B

Zhāng jīnglǐ rìchéng hěn mǎn, shàng yí ge tánpàn hái méi wán ne, qǐng nín zài zhèr děng yíhuìr.

A

Hǎo de. Wǒ kàndào tā le, tā guòlai le.

A

🔊Hint Gāo jīnglǐ huíqu le ma?

B

Duì, tā yǐjīng huílai le, gāngcái yòu chūqu le.

A

Jīntiān shàngwǔ tā lái kāihuì, wàngle yí ge wénjiànjiā zài wǒ zhèr.

Rúguǒ nǐ yǒu shíjiān, jiù guòlai yí tàng qǔ yíxià, hǎo ma?

B

Hǎo de, wǒ xiànzài jiù guòqu.

A

🔊Hint 리 비서, 잠깐 올라와 보세요.

B

네, 왕 사장님. 지금 바로 올라가겠습니다.

A

리 비서, 제가 요청한 팩스는 어디 있나요?

B

제가 빨간색 서류철에 넣어 두었습니다. 사장님 책상 위요.

A

맞다. 샤오장 먼저 들어오라고 하세요. 그가 좋은 소식을 제게 보고한다고 하네요.

B

네, 제가 먼저 내려가고 조금 후에 다시 올라오겠습니다.

A

네. 제가 잠시 후에 전화하겠습니다.

STEP 4 빈칸 채우기

단문

		我	是	CTI	公	司	的			,	我	很	喜	欢	这
份	工	作	,	但	是	有	时	候	工	作	有	点	儿	多	。
上	午	9	点	,	钱	经	理	让	我			开	会	。	开
完	会	后	,	我	又	出	去	了	一			,	给	车	加	了
油	。	刚	回	来	不	久	,	广	告	部	的	小	王		
找	我	,	让	我	打	印	几	份	报	告	。	刚	做	完	,
又	有	一	位	姓	周	的	先	生	过	来	找	钱	经	理	。
钱	经	理	正	在	做	报	告	,	我	就		告	诉	了	
他	。	过	了	一	会	儿	,	钱	经	理	做	完	报	告	出
来	,	和	周	先	生	谈	了	半	个	小	时	才	谈	完	。
		可	以	下	班	了	！								

🎧 **Hint** 저는 CTI 회사의 비서입니다. 저는 이 일을 좋아하지만 어떤 때는 일이 조금 많습니다. 오전 9시에 첸 사장님이 저에게 회의하러 올라가라고 했습니다. 회의가 끝난 후, 저는 또 나가서 차에 기름을 넣었습니다. 돌아온 지 얼마 되지 않아 광고팀의 샤오왕이 저를 찾아서 내려와 저에게 보고서를 몇 부 프린트하게 했습니다. 막 마치고 나니 성이 저우라는 사람이 첸 사장님을 찾으러 왔습니다. 첸 사장님은 발표 중이라 제가 들어가서 알렸습니다. 잠시 후에 첸 사장님이 발표를 마치고 나와 미스터 저우와 반 시간 동안 이야기하고서야 회담이 끝났습니다. 마침내 퇴근할 수 있게 되었습니다!

STEP 1 간체자 쓰기

解决 jiějué 동 해결하다	解解解解解解解解解解解解解 / 决决决决决决			
	解决 jiějué	解决 jiějué		

提醒 tíxǐng 동 일깨우다	提提提提提提提提提提提提 / 醒醒醒醒醒醒醒醒醒醒醒醒醒醒醒醒			
	提醒 tíxǐng	提醒 tíxǐng		

地址 dìzhǐ 명 주소	地地地地地地 / 址址址址址址址			
	地址 dìzhǐ	地址 dìzhǐ		

STEP 2 들으면서 따라 쓰기

🎧 W15-01

회화

A 你要出去吗?

B 是的，生产部有些麻烦，

我要去把问题解决一下。

A 下午可能有雨，你把伞带着吧。

B 好的，谢谢你。

A 我们得把这份文件写好。

B 什么时候给客户？

A 下周一前要把文件发给客户，有困难吗？

B 应该没问题，你星期三再提醒我一下。

A 你清楚客户的要求吗？

B 别担心，客户怎么要求我们怎么做。

A 小王，你把信寄出去了吗？

B 还没有。刚写好。

A 今天下午能把信寄出去吗？

B 可以吧。但是我把李先生的地址忘了，您能给我吗？

A 可以，但是我没有带笔，

我一会儿把地址发到你的电子邮箱吧。

 W15-02

단문

今天是星期天，我没有去上班。上午，我在家先把门修理好了，然后去了一趟超市，把明天需要的水果买了。回来后，我把东西放在桌上，就去做饭了。吃完饭后，我把写给小李的信寄了出去。晚饭前，我把李经理需要的文件发到了他的电子邮箱，然后把明天开会要的报告读完了。今天虽然不用上班，但是我还是觉得很累。

W15-03

회화

A

Hint Nǐ yào chūqu ma?

B

Shì de, shēngchǎnbù yǒuxiē máfan, wǒ yào qù bǎ wèntí jiějué yíxià.

A

Xiàwǔ kěnéng yǒu yǔ, nǐ bǎ sǎn dàizhe ba.

B

Hǎo de, xièxie nǐ.

A

Hint Wǒmen děi bǎ zhè fèn wénjiàn xiěhǎo.

B

Shénme shíhou gěi kèhù?

A

Xià zhōuyī qián yào bǎ wénjiàn fāgěi kèhù, yǒu kùnnán ma?

B

Yīnggāi méi wèntí, nǐ xīngqīsān zài tíxǐng wǒ yíxià.

A

Nǐ qīngchǔ kèhù de yāoqiú ma?

B

Bié dānxīn, kèhù zěnme yāoqiú wǒmen zěnme zuò.

A

Hint 샤오왕, 편지 보냈나요?

B

아직요. 막 다 썼어요.

A

오늘 오후에 보낼 수 있나요?

B

있을 거예요. 그런데 제가 리 선생님의 주소를 잊어버렸어요. 저한테 주실 수 있나요?

A

네, 그런데 제가 펜을 안 가져왔네요. 제가 잠시 후에 주소를 당신 메일로 보낼게요.

STEP 4 빈칸 채우기

단문

		今	天	是	星	期	天	，	我	没	有	去	上	班	。
上	午	，	我	在	家	先		门	修	理	好	了	，	然	后
去	了	一		超	市	，		明	天	需	要	的	水	果	买
了	。	回	来	后	，	我		东	西	放	在	桌	上	，	就
去	做	饭	了	。	吃	完	饭	后	，	我		写	给	小	李
的	信	寄	了		。	晚	饭	前	，	我		李	经	理	
需	要	的	文	件	发	到	了	他	的	电	子	邮	箱	，	然
后		明	天	开	会	要	的	报	告	读	完	了	。	今	天
	不	用	上	班	，		我	还	是	觉	得	很	累。		

Hint 오늘은 일요일이라 저는 출근하지 않았습니다. 오전에 저는 집에서 우선 문을 수리한 후에 마트에 가서 내일 필요한 과일을 샀습니다. 돌아온 후에 저는 물건들을 테이블에 두고 밥을 했습니다. 밥을 다 먹고 샤오리에게 쓴 편지를 부쳤습니다. 저녁 식사 전에 저는 리 사장님이 필요한 서류를 그의 이메일로 보낸 후에 내일 회의 때 필요한 보고서를 다 읽었습니다. 오늘 비록 출근할 필요는 없었지만 그래도 피곤한 것 같습니다.

memo

www.dongyangbooks.com (웹사이트)
m.dongyangbooks.com (모바일)

중국어뱅크

스마트 스피킹 중국어 ❸

워크북

이름

외국어 출판 40년의 신뢰
외국어 전문 출판 그룹
동양북스가 만드는 책은 다릅니다.

40년의 쉼 없는 노력과 도전으로 책 만들기에 최선을 다해온 동양북스는
오늘도 미래의 가치에 투자하고 있습니다.
대한민국의 내일을 생각하는 도전 정신과 믿음으로 최선을 다하겠습니다.

📖 동양북스

📖 동양북스 추천 교재

일본어 교재의 최강자, 동양북스 추천 교재

회화 코스북

일본어뱅크 다이스키
STEP 1·2·3·4·5·6·7·8

일본어뱅크
좋아요 일본어 1·2·3

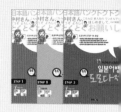

일본어뱅크 도모다찌
STEP 1·2·3

분야서

일본어뱅크
NEW 스타일 일본어 문법

일본어뱅크
일본어 작문 초급

일본어뱅크
사진과 함께하는
일본 문화

일본어뱅크
항공 서비스 일본어

가장 쉬운 독학
일본어 현지회화

수험서

일취월장 JPT
독해·청해

일취월장 JPT
실전 모의고사 500·700

일단 합격하고 오겠습니다
JLPT 일본어능력시험
N1·N2·N3·N4·N5

일단 합격하고 오겠습니다
JLPT 일본어능력시험
실전모의고사 N1·N2·N3·N4/

단어·한자

특허받은
일어 한자 암기박사

일본어 상용한자 2136
이거 하나면 끝!

일본어뱅크
New 스타일 일본어 한자 1·2

가장 쉬운 독학
일본어 단어장

일단 합격하고 오겠습니다
JLPT 일본어능력시험
단어장 N1·N2·N3

중국어 교재의 최강자, 동양북스 추천 교재

중국어뱅크 북경대학 신한어구어
1·2·3·4·5·6

중국어뱅크 스마트중국어
STEP 1·2·3·4

중국어뱅크 집중중국어
STEP 1·2·3·4

중국어뱅크
문화중국어 1·2

중국어뱅크
관광 중국어 1·2

중국어뱅크
여행실무 중국어

중국어뱅크
호텔 중국어

중국어뱅크
판매 중국어

중국어뱅크
항공 서비스 중국어

중국어뱅크
시청각 중국어

정반합 新HSK
1급·2급·3급·4급·5급·6급

버전업! 新HSK 한 권이면 끝
3급·4급·5급·6급

버전업! 新HSK
VOCA 5급·6급

가장 쉬운 독학 중국어 단어장

중국어뱅크
중국어 간체자 1000

특허받은
중국어 한자 암기박사

📖 동양북스 추천 교재

기타외국어 교재의 최강자, 동양북스 추천 교재

중고급 학습

첫걸음 끝내고 보는
프랑스어
중고급의 모든 것

첫걸음 끝내고 보는
스페인어
중고급의 모든 것

첫걸음 끝내고 보는
독일어
중고급의 모든 것

첫걸음 끝내고 보는
태국어
중고급의 모든 것

단어장

버전업! 가장 쉬운
프랑스어 단어장

버전업! 가장 쉬운
스페인어 단어장

버전업! 가장 쉬운
독일어 단어장

여행회화

NEW 후다닥
여행 중국어

NEW 후다닥
여행 일본어

NEW 후다닥
여행 영어

NEW 후다닥
여행 독일어

NEW 후다닥
여행 프랑스어

NEW 후다닥
여행 스페인어

NEW 후다닥
여행 베트남어

NEW 후다닥
여행 태국어

수험서·교재

한 권으로 끝내는 DELE
어휘·쓰기·관용구편 (B2~C1)

수능 기초 베트남어
한 권이면 끝!

버전업!
스마트 프랑스어

일단 합격하고 오겠습니다
독일어능력시험
A1·A2·B1·B2(근간 예정)